인류 최초 문명과
한국인의 지혜

인류 최초 문명과 한국인의 지혜

초판 1쇄 인쇄 2025년 6월 21일
초판 1쇄 발행 2025년 6월 26일

지은이 박경서
펴낸이 金泰奉
펴낸곳 한솜미디어
등 록 제5-213호

편 집 김태일
마케팅 김명준

주 소 (우 05044) 서울시 광진구 아차산로 413(구의동 243-22)
전 화 (02)454-0492(代)
팩 스 (02)454-0493
이메일 hansom@hansom.co.kr
홈페이지 www.hansomt.co.kr

ISBN 978-89-5959-597 6 (03150)

*책값은 표지에 표시되어 있습니다.
*잘못 만들어진 책은 구입하신 서점에서 바꿔드립니다.

인류 최초 문명과

한국인의 지혜

박경서 지음

한솜미디어

| 목 차 |

Ⅰ. 근원적 물음 _ 9
1. 인생은 괴로움인가? _ 10
2. 괴로움의 원인 _ 12
3. 괴로움의 원인은 '우연' 뿐인가? _ 15

Ⅱ. 인류 최초 문명과 우연에 대한 도전 _ 17
1. 인류 최초의 문명 _ 18
2. 우연적 문제에 대한 원류문명의 접근 (1) _ 27
   가. 칠성신앙과 만(卍)자 상징 _ 32
   나. 십자가(十)의 의미 _ 34
   다. 태극과 팔괘 _ 35
3. 우연적 문제에 대한 원류문명의 접근 (2) _ 46
4. 점복(占卜)을 믿을 수 있는가? _ 53
5. 인간과 무의식 _ 62
   가. 인간의 본질 _ 64
      1) 인간본성에 대한 논의 _ 64
      2) 인간의 본질 _ 66
   나. 무의식의 구조 _ 67
   다. 의식의 구조와 한국사회 _ 74
      1) 의식의 구조 _ 74

    2) 의식과 학습 _ 77

  라. 무의식의 계발과 삶 _ 78

  마. 데카르트의 오류 _ 83

6. 점복(占卜)의 구조 _ 86

7. 역(易)이 예정하고 있는 변화의 기본 패턴 _ 97

8. 점(占)과 역(易)의 원리를 생활에 적용한 사례 _ 134

  가. 상나라 시대의 점단 사례 _ 135

    ① 출산에 관한 점복 사례 _ 135

    ② 기장을 언제 심어야 할까요? _ 135

    ③ 오늘 시찰을 해도 될까요? _ 135

    ④ 날씨 점 _ 136

  나. 춘추좌씨전의 점(占)을 친 사례 _ 136

    ① 진나라 여공 아들의 어릴 때의 인생 점 _ 137

    ② 태자가 즉위할 수 없음을 미리 알다 _ 139

    ③ 환공의 아들 성계(成季)가 최고의 권력을 가질 것을 미리 알다 _ 141

    ④ 혼인의 길흉을 미리 알다 _ 141

    ⑤ 전쟁의 내용과 결과를 미리 알다 _ 142

    ⑥ 길한 괘를 얻고 전쟁에서 이기다 _ 147

    ⑦ 3년 이내에 죽을 것을 알다 _ 148

    ⑧ 거북점의 사례와 군대의 기율을 보고 흉한 일이 생

| 목차 |

　　　　　길 것을 알다 _ 149
　　　　⑨ 진초(晉楚) 전쟁의 내용과 결과를 미리 알다 _ 150
　　　　⑩ 길하다와 흉하다는 점괘가 함께 맞은 사례 _ 153
　　　　⑪ 아들의 인생을 미리 말하다 _ 156
　　　　⑫ 점괘를 해석하여 임금을 옹립하다 _ 157
　　　　⑬ 점괘를 무시한 반란이 실패하다 _ 159
　　　　⑭ 임금이　겨난 이유를 역리를 통해 설명하다 _ 161
　　　　⑮ 점의 결과를 보고 정벌을 단념하다 _ 162
　　다. 고려시대의 점례 _ 164
　　　　① 945년 왕규의 암살시도에서 혜종을 구함 _ 164
　　　　② 경기도 이천시의 지명 _ 165
　　라. 조선시대의 점례 _ 165
　　　　① 한양천도를 종묘에서 동전던지기로 정함 _ 165
　　　　② 훈민정음 창제 _ 172
　　　　③ 점에 관한 인식을 볼 수 있는 대화-조선 중기 _ 176
　　　　④ 점을 쳐서 최고권력을 선발하는 복상제도 _ 178
　　　　⑤ 유성룡의 임진왜란 점(明夷之復) _ 180
　　　　⑥ 이순신의 원균에 대한 점(屯之姤) _ 181
　　　　⑦ 이순신의 장문포 해전 _ 181

라. 기타 _ 182
　　　　① 주공과 강태공의 추론 사례 _ 182
　　　　② 대산 선생의 주역에 대한 인터뷰 내용 _ 184

Ⅲ. 도덕이란 무엇인가? _ 187
　　가. 점(占)과 도덕 _ 188
　　나. 도덕의 정체 _ 195
　　다. 도덕률 사례 1개 _ 198
　　라. 2종류의 사람들 _ 207

Ⅳ. 요하문명(홍산문명)에 대한 중국 측 주장에 관한 생각 _ 211
Ⅴ. 현대 한국 역사의 이해 _ 217
Ⅵ. 맺는 말 _ 243

I. 근원적 물음

이 책에서 이야기의 시작은 "인생이란 무엇인가?",
"인생을 살아가면서 가장 힘든 게 무엇이고
어떻게 대처해야 하는가"에 대한 것이다.

1. 인생은 괴로움인가?

우리는 살아가면서 누구나 언젠가는 문득 인생은 '괴로움인가?'라는 생각을 하게 된다. '인생이 왜 괴로움이야? 그렇게 생각하면 불쌍한 거지'라고 할 수도 있지만, 아무리 지금 잘 살고 있는 사람도 어느 순간 괴로움에 빠질 수 있다는 점을 부인할 수는 없다.

부처께서도 깨달음에 이르신 뒤 첫 설법으로 깨우치지 못한 보통 인생의 삶은 괴로움(苦)이라는 사성제(四聖諦)를 설법을 하셨다. 부처가 말씀하신 가장 대표적인 괴로움은 생로병사, 태어나고 늙고 병들고 죽는 것이지만, 장기적인 시각으로 볼 때 나타나는 이러한 생로병사 이외에도 우리는 일상적인 생활에서 순간순간 또는 때때로 괴로움에 떨어질 수 있는 지뢰밭과 같은 삶을 걸어가고 있다.

특히 우리 한국사회는 심각하다. 그 사회의 괴로움의 강도는 아마 자살자의 비율에서 어느 정도 추정할 수 있을 것이다. 대한민국의 2023년 기준 자살자 수는 13,978명이며, 이는 인구 10만 명당 자살자는 27.3명, 특히 남성의 자살률은 인구 10만 명당 자살자 38.3명으로 전체 자살자의 70%가 넘으며 여성의 2배가 넘는다[1]. 대한민국의 자살률은 경제개발협력기구(OECD) 1

---

[1] 대한민국 전자정부 누리집 '지표누리' 자료 참조.

위라고 한다[2].

　거의 소규모 전쟁 수준의 인구가 매년 죽어 나가고 있는데도 이에 대하여 심각하게 생각하고 근본적인 정책적 접근을 하는 노력을 본 적이 없는 것 같다. 원본을 깎아먹는 사유재산에 대한 세금제도, 원본을 깎아먹는 인플레이션 화폐로 인하여 한국인은 개개인의 의지처 자체가 부실하기 짝이 없다. 열심히 앞으로 나아가지만, 서 있는 바탕 자체가 삭아서 줄어든다. 그러므로 평생을 달려도 까닥하면 후퇴하여 있는 자신을 발견하게 될 수 있는 치열한 경쟁에 내몰리고 있다.

　이렇게 벼랑 끝에서 살아가듯이 하는 우리 보통시민들을 죽음으로까지 떠밀어 버리는 일들은 대체 무엇일까? 2023년 보건복지부가 19세 이상 75세 이하의 성인 2,807명을 대상으로 조사한 '자살실태조사'에서 나타난 내용을 보면 자살 생각의 주된 원인은 경제적 어려움(44.8%)', '가정생활의 어려움(42.2%)', '정서적 어려움(19.2%) 등의 순이며, 자살 시도 동기는 '정신적인 문제(33.2%)'가 가장 높았고, 다음으로 '대인관계문제(17.0%)', '말다툼, 싸움 등 야단맞음(7.9%)', '경제적 문제(6.6%)' 순이라고 한다.

　이러한 사회현상은 드라마, 영화, 유튜브, 인터넷 커뮤니티 등 우리의 생활 전반에서도 투영되고 있다. 영화, 드라마, 인터넷 커뮤니티에서 사용되는 언어, 생각들을 보면 너무나 치열하고, 심한 욕설이 난무하고 독살스럽다. 한국사회의 문화는 이미

---

[2] "우리나라의 자살률은 OECD 국가 중 1위이며, OECD 국가 평균(11.1명)의 2배 수준으로 2004년 이래 줄곧 1위를 차지하고 있습니다."_ 질병관리청 국가손상정보포털.
(https://www.kdca.go.kr/injury/biz/injury/damgInfo/siSucdeMain.do;jsessionid=3B35B1A01983E3E0D9664A53C0203CA8) 참조.

많이 병들어 있다.

이렇게 경제생활에서, 가정생활에서, 정신적 스트레스에 우리를 빠뜨리는 근본원인은 무엇일까? 이 문제를 해결할 수 있다면, 우리의 삶의 질은 정말 획기적으로 개선될 수 있을 것이다.

2. 괴로움의 원인

사람이 괴로움에 빠지는 원인은 무엇일까? 부처가 말씀하신 생로병사가 괴로움이라면 보통사람이 여기에서 벗어나기는 정말 정말 어렵다. 그러나 생로병사를 제외한 기타 일반생활에서의 괴로움은 꼭 피할 수 있을 것만 같다. 내가 정말 잘 한다면 말이다.

그런데, 진짜 문제는 구조적으로 개인이 무엇을 잘하기가 어렵다는 점이다. 무슨 뜻인가 하면, 개인이 인생을 살아가면서 마주치는 문제들에는 크게 두 가지 영역이 있다. 하나는 내가 계산하고 그 계산대로 결과를 얻을 수 있는 영역(이하에서는 '의지의 영역'이라고 하겠다)이고, 다른 하나는 계산을 하기가 어렵고 어떤 일이 우연적으로 발생하는 '우연적 영역'이다. '의지의 영역'은 내가 가게에 가서 물건을 사거나, 출근을 하여 일을 하고 월급을 받거나 등등 100%는 아니지만 어느 정도 예측이 가능하고 원하는 결과를 얻기 위하여 개인이 행동을 통제할 수 있는 영역이다. 우리가 일상 용어로 과학적이라고 하는 영역으로 볼 수 있다. 오늘날 과학의 시대에 사람들은 교육과정에서, 각종 캠페인에서, 개인의 삶이 이러한 의지의 영역에 속하며, 계획과 노력에 의하여 의지의 영역이 통제될 수 있고 실현될 수 있는 것으로 프로그래밍 된다. 어릴 때부터 이론적 체계를 가진 교과 과목에 의해 학습을 통하여 프로그래밍 되며, 우주의 거의 모든 현상은 과학적으로 설명될 수 있는 것처럼 프로그래밍되며, 마치 성실하게 노력을 하면 그에 따른 예측 가능한 대가가 반드시 얻어지는 것처럼 프로그래밍 된다. 인간의 삶이 대부분 의지의 영역에 속하며 의지로서 내 삶이 계획되고 형성될 수 있는 것으로 교육된다.

그런데 부모님의 보살핌 속에서 준비하는 배움의 기간이 끝나게 되면, 더 이상 개인의 삶이 계획된 바에 따라 노력에 상응하여 만들어가기 어렵다는 사실을 어렴풋이 알게 되기 시작한다. 회사에 취업이 될 지도 모르겠고, 어떤 분야로 가야 할지도 알기 어렵다. 취업을 해야 할지 사업을 해야 할지, 어느 분야로 취업을 해야 할지, 어느 회사에 응시를 해야 할지, 한국에서 살아야 할 지 외국으로 가야 할지, 취업이 될지 도무지 명백한 것이 없게 된다. 의지는 있는데 내가 통제할 수 있는 것은 별로 없어진다. 그러나 어릴 때부터 학교와 사회에 의해서 프로그래밍된 과학적 사고는 완고하게 머리에 새겨져 있는데, 마주친 현실에서 과학적 사고는 무기력하기 짝이 없다.

현실적으로 대부분의 사람들의 인생은 이처럼 우연적 영역에서 발생하는 일에 의해 결정된다.

"저는 14살에 무작정 상경했어요, 지금까지 직업이 38가지였어요, 중국집 배달⋯ 18살에 우연히 밤무대 가수가 되었어요⋯."
성공한 어느 유명 가수의 성공스토리 중 일부이다. 짧게 보면 의지의 영역이 작용하지만 조금만 넓게 보면 상당부분 의지의 영역에서 통제되는 방식으로 인생이 전개되지 않는다. 인생의 전개방식은 거시적으로는 우연적 영역에서 결정된다. 이러한 점이 우리 인생의 핵심 문제이다. 개인의 삶은 결정적 부분에서 우연적 영역의 지배를 받는 경우가 너무나 크고 허다하여 개인이 자신의 삶을 주체적으로 과학적으로 전개해 나가는 것은 거의 불가능하다. 사업이 어려운 것도 너무나 많은 우연적 요소가 개입하기 때문이다. 이러한 우연한 사실이 나에게 닥쳐오는 것을 내가 통제하기 어렵기에 이를 습격(irruption)이라고 표현하는 학자도 있다[3].

"PD사건은 쇼 프로그램 담당 PD들이 가수를 프로그램에 출연시켜주거나 노래를 방송해 주면서 매니저로부터 돈을 받아 검찰에 대거 구속된 사건이다. 검찰에 참고인 신분으로 소환돼 간 적이 있는데 큰 상처를 받았다" "왜 내가 가수를 했나 싶은 생각도 들었고, 가수하고 싶은 생각이 사라졌다."[4]

위는 당시 초절정의 인기가수가 돌연히 가요계를 떠난 이유에 대한 인터뷰이다. 아무도 인기 절정의 가수가 갑자기 노래를 그만 둘 것이라고 상상하지 못했지만, 작은 우연은 사람의 인생을 느닷없이 바꾸어 버렸다. 이처럼 우연은 우리의 인생을 습격하여 우리를 끝없이 흔들어 댄다. 그러므로 사람은 누구나 원치 않는 상황에 빠지고 고통을 겪게 될 수 있는 것이다.

그러면 우연은 왜 발생하는 것일까?

---

[3] 박영우 : 점(占) : 우연 사태 속의 철학적 의제, 범한철학회 논문집, 「범한철학」 제79집 2015년 겨울.
[4] 엽합뉴스 인터뷰 2008. 4. 28. ○○모 "PD사건' 상처로 가요계 떠나".

사성제5)에서는 괴로움을 '생로병사', '집착에서 생기는 괴로움', '변화가 생김으로 인해 무너지는 괴로움'의 세 가지로 분류한다고 하는데, '우연'이 발생하는 원인은 이 세상의 모든 것은 끊임없이 변화한다는 것에서 생겨난다. 모든 것은 인과법칙에 따라 끊임없이 변화하므로 존재하던 것은 무너지고 새로운 것이 생겨난다. 너무나 엄청난 스케일로 끝없이 변화가 일어나므로 아둔한 인간은 이러한 모든 것을 헤아리기 어렵고 우주적 규모로 변화하는 세계는 우연이라는 모습으로 뜻하지 않게 우리를 습격하게 되는 것이다.

3. 괴로움의 원인은 '우연' 뿐인가?

앞에서 말한 것처럼 우연은 우리의 인생을 습격하여 흔들어댄다. 까딱 잘못하면 여지없이 멍들고 깨지게 된다. 그러면 우리의 인생을 괴롭히는 원인은 딱히 대응방법도 없지만, 우연이라는 영역 하나뿐인가? 그렇지는 않다.

우연이라는 괴물이 우리의 인생을 습격하더라도 내가 지혜가 있으면 이를 잘 헤쳐 나갈 수 있다. 그런데 문제는 이 지혜란 것이 참 오묘한 것이라는 것이다. 사람들은 근본적인 지혜를 얻기 위해 가장 근원으로부터 시작하기 위해 우주의 시작은 어디인가? 우주는 창조되었는가? 창조주는 누구인가? 어떻게 창조되었는가? 우주의 끝은 있는가? 세상의 종말은 어떻게 되는가? 우주는

---

5) 사성제(四聖諦) : 부처가 득도 후에 최초로 행한 설법의 내용이라고 한다.

무한한가? 인간은 어떻게 생겨났나? 등 거대한 질문과 탐구를 해 보지만, 이런 질문들은 그 답을 우리가 안다고 해도 현실에서 세상을 살아가는데 별다른 도움이 되지 않는다. 예를 들어 과학자가 우주창조의 시작인 빅뱅의 이유와 원리를 알아냈다고 해서 자기의 인생을 잘 살아낸다는 보장이 전혀 없다. 중요한 것은 현실적인 괴로움의 원인을 직시하고 이를 현실에서 해결할 수 있는 지혜를 얻을 수 있는 방법이 있어야 한다. 학습이나 종교에의 귀의나 탐구도 이러한 노력의 하나로 볼 수 있다. 그러나 종교도 현실에서 이러한 우연의 습격에 대해서는 거의 무력하다.

인간의 지혜 부족이 괴로움의 원인이라면, 이를 어떻게 해결할 것인가? 이 문제가 우리 인생의 근본적 문제가 된다. 이 문제야 말로 진짜 가장 현실적인 우리 모두의 중요한 문제이다.

Ⅱ. 인류 최초 문명과 우연에 대한 도전

　인생을 살아가면서 괴로움이란 것이 피할 수 없는 것이고, 그 중요한 이유가 우연적 영역에 의해 인생이 지배되는 것 때문이라면, 이는 모든 인류가 필연적으로 겪는 문제이고 가장 중대한 문제가 된다. 그러므로 인류는 태초부터 이 문제를 크게 고민하였을 것이고, 수많은 사람들의 지혜와 수많은 사람의 경험과 수많은 시간이 누적된 역사적 사실에서 우리는 이 문제에 대한 접근방법 내지는 해결방안을 시사 받을 수 있을 것이다. 역사적 사실이란 인류의 지혜가 가장 집합적으로 누적적으로 쌓인 것이나, 동시에 '솔방울로 수류탄을 만들었다'는 식의 거짓말을 서슴지 않는 사악한 권력에 의해 오염되기도 한 것이므로, 이를 잘 유념하고 역사적 사실과 유물을 살피면 인생의 필연적 동반자인 괴로움의 문제를 살펴보고 해결방안에 접근할 실마리를 얻을 수 있다고 생각된다. 그러므로 우리 인간의 최초 문명에서부터 이 문제를 살펴보고 접근하는 것이 바람직하다고 생각된다. 최초의 문명은 오염되지 않은 상태에서 인생의 문제를 해결하려 하였을 것이고, 인간의 가장 원초적인 문제부터 해결해 나가고자 하였을 것이므로 근원적인 문제에 대한 탐구대상으로는 최고의 대상이라 생각된다.

1. 인류 최초의 문명

　인류 최초의 문명은 고조선 문명의 토대가 된 홍산문명6)이다. 현재 홍산문명에서 가장 오래된 것으로 인정받는 BC 7000년경까지 소급하는 '소하서 문화'는 빗살무늬토기 등이 출토되는 신석기문화이다. BC 5000년 이전까지 소급하는 '조보구 문화' 시기에 이르면 봉황문토기, 직업적 전문가가 만든 것으로 생각되는 옥룡 등 옥기류, 채도토기 등 아름다운 예술품들이 나타나고 있으며, BC 3500년경의 우하량 유적에 이르면 이미 천제단, 사직단7) 등 초기 국가단계의 유적을 보여주고 있다. 이는 과거 인류의 가장 오래된 문명이라고 알려진 이집트문명이나 메소포타미아 문명을 앞서는 인류 최고(最古)의 문명이다.

　홍산문명은 제사장과 사회 권력을 수립하고, 농경을 하고, 도시를 이루며 문자를 사용했던, 완전한 문명의 표식을 갖춘 가장 오래된 문명이며, 우리 한민족의 직계 조상 또는 가장 밀접한 관련을 가진 문명으로 생각되고 있다.

　홍산문명은 소하서 문화(BC 7000~6500) – 흥륭와 문화(BC 6200~5200) – 사해 문화(BC 6000~5200) – 부하 문화(BC 5200~5000) – 조보구 문화

---

6) 현재 중국 요녕성 서부 일대 지역에서 발견된 인류 최초의 문명으로서 고조선을 포함한 고조선의 원류문명으로 추정된다.
7) 사직은 전통시대에서 국가를 대신 지칭하는 용어로도 사용되었는데, 사신(社神)과 직신(稷神)을 말하며, 사직단은 사신과 직신에게 제사를 드리는 곳이다. 사신은 토지신이고 직신은 곡식을 대표하는 기장의 신을 말한다.

(BC 5000~4400) - 홍산 문화(BC 4500~3000) - 우하량 문화(BC 3500~2900) - 소하연 문화(BC 3000~2000) - 하가점 하층 문화(BC 2000~1500[8]) - 하가점 상층 문화(BC 1500~1000) 등 발굴된 유적의 이름을 따서 세분되고 있지만, 중국 황하문명에서는 발굴되지 않는 빗살무늬토기, 비파형청동검, 옥기, 벼농사, 상투머리, 적석총, 피라미드 등을 특징적인 유물로 하는 인류의 시원문명(始原文明)이자 한민족의 원류문명(源流文明)으로 생각되고 있다. 오늘날의 용, 현재 대통령의 문장에 사용되는 봉황 등의 상징도 모두 홍산문명에서 유래되었다. 이 책에서는 인간 괴로움의 근원적 문제 해결에 대한 문제를 살펴보므로 홍산문명을 "원류문명(源流文明)"이라고도 지칭하겠다.

〈국립중앙박물관 빗살무늬토기〉[9]

---

8) 하가점 하층문화기 사람, 비파형동검을 내놓는 하가점 상층문화기 사람, 현대 한국사람 사이에 보이는 체질인류학상 특징은 서로 닮은 것으로 나타난다. 하가점 하층문화는 홍산문화와 그 뒤를 이은 소하연문화를 계승발전한 것으로 연구되고 있다. 홍산문화의 질그릇(三足器·平底盆·圈足盤 등)과 옥제품, 소하연문화의 질그릇(平底盤·平底折腹盤·短柄淺盤豆 등) 따위가 하가점 하층문화에도 그대로 나타난다(李恭篤·高美旋, 1985) _출처 : 한국사총설DB 국사관논총 33집 1. 하가점 하층문화와 고조선 참조.

9) EBS 알고e즘 "요하문명을 아시나요"의 우실하 교수님 강의에서 소하서 유적에서 다수의 빗살무늬 토기가 출토된 사진 등을 확인할 수 있다.
(https://www.youtube.com/watch?v=5lCZwxhYZMk&t=14s) 영상 15분 40초부터).

〈흥륭와 문화의 빗살무늬토기〉10)

1. 흥륭와 문화 빗살무늬토기(조기)

2. 흥융와 문화 빗살무늬토기(牛古土鄉 千斤營子 출토)

3. 흥융와 문화 빗살무늬토기(중기)

4. 흥융와 문화 빗살무늬토기(중기)

5. 흥융와 문화 빗살무늬토기(중기)

6. 흥융와 문화 빗살무늬토기(長勝鄉) 坤頭嶺村)

〈빗살무늬토기 문화권 표시〉11)

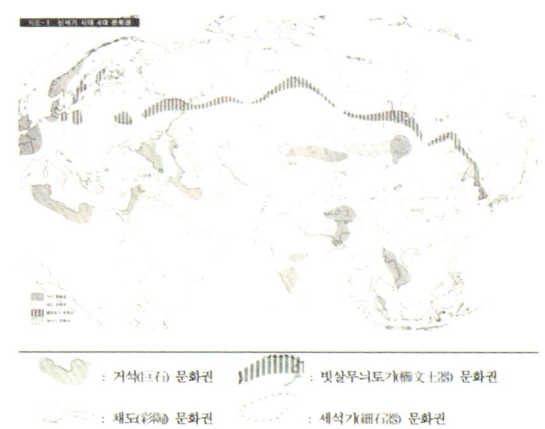

---

10) 신용하 "고조선문명 형성에 들어간 맥(貊)족의 홍산(紅山)문화의 특징" 고조선단군학 제32호 223쪽 전재.
11) 우실하, "홍산문화의 곰토템족과 단군신화의 웅녀족" 논문, 고조선단군학 제27호 190쪽 전재.

〈홍산문화 우하량[12][13]의 제천(祭天)시설〉[14]

[그림 1] 우하량의 적석제단

※ 1. 위 제천시설에는 원방각(圓方角)[15] 사상이 구현되어 있어서 유교경전의 천원지방(天圓地方) 기본사상이 홍산인으로부터 유래되었음을 알 수 있다.
2. 하늘에 제사를 지냈으므로, 천자 사상, 황제 사상도 모두 홍산지역에서 유래하였음을 추단할 수 있다.

위 적석제단의 디자인을 통해서 유추할 수 있는 것은 그 모양

---

12) 우하량 유적은 홍산문화 말기에 속하며, 지금으로부터 5600~5000년 전 유적지로서 요녕성 조양시 건평현과 능원현의 접경에 위치하고 있다.
13) 홍산문화 우하량 유적은 기원전 3500년경에 이미, (1) 사회적으로 최소한 6~7등급의 계층이 있었고, (2) 옥기장인 등 사회적 분업이 이루어졌으며, (3) 많은 옥기를 부장한 한 변이 20~30m 정도 되는 수많은 3층 계단식 적석총(積石塚), (4) 20m 길이의 단독 여신(女神)사당, (5) 지름 30m정도의 3층 원형 천단(天壇) 등 각종 제단 등을 갖추고 있으며, (6) 이미 지고무상(至高無上)의 절대 권력자가 있는 '초기 국가단계' 혹은 '초기 문명단계'에 진입한 것을 보여주는 놀라운 유적이다(경북신문 2016. 11. 1 "홍산문화의 꽃 '우하량유적'에 대한 개괄적 소개" 우실하 교수님 글 인용).
14) 임재해 교수 "홍산문화로 읽는 고조선 시대의 제천의식 전통" 고조선단군학 제30호 407쪽. 전재.
15) 천지인의 특성을 원(員), 방(方), 각(角)으로 표현한 말.

이 원, 방, 각(○□△)으로 표현된 천지인 삼재의 사상이고, 이는 필연적으로 1, 2, 3에 기초한 수리철학을 낳았을 것으로 추리할 수 있다. 한국의 수리철학이 응축된 오늘날 전해지는 천부경은 홍산문명과 상당한 관련을 가지고 있을 것으로 생각된다(좀 더 자세한 내용은 이후의 훈민정음 제자원리 설명 부분의 수리철학 참조).

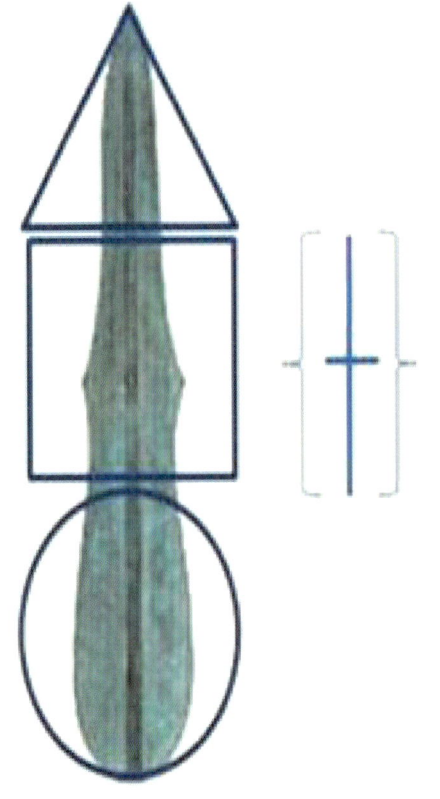

비파형 동검의 원방각 구조
사진출처 : 국립중앙박물관

비파형동검은 한반도 바깥 북서 지역과 한반도 전역에서 발견되는 청동제 검으로서 한국 역사 최초의 국가인 고조선의 전기 역사를 상징하는 유물이라고 한다[16]. 검의 형태가 비파를 닮아 '비파형동검'이라 부르는데, 비파형청동검에도 그림에서 보듯이 천지인(원방각) 삼재의 철학이 반영되어 있다. 홍산문명이 고조선 문명임을 나타내는 여러 증거 중 하나라고 할 수 있다.

---

16) 국립중앙박물관의 '비파형청동검'에 대한 설명 참조.

〈홍산 문화의 채색토기17)〉

1. 조보구 문화
2. 홍산 문화
3. 홍산 문화
4. 우하량 유적
5. 소하연 문화
6. 소하연 문화

〈홍산문명 봉황 옥기〉18)	홍산문명 조보구 문화의 봉황 토기19)
유튜브의 '매림 역사문화TV'의 [유물 특강, 이게 홍산 문화 진짜 옥기!] "인류 최초의 봉황옥기 공개"에 보면, 봉황옥기 한 쌍, 옥으로 만든 용(옥룡), 옥으로 만든 곰(웅룡) 등의 작품을 볼 수 있다.	

---

17) 신용하 "고조선문명 형성에 들어간 貊족의 紅山문화의 특징" 고조선단군학 제32호 226쪽.
18) 18) 유튜브 '매림 역사문화TV [유물 특강, 이게 홍산문화 진짜 옥기!] 인류 최초의 봉황 옥기 공개!
19) 블로그, 증산도 참진리의 세계의 글 "조보구의 채도가 앙소문화의 채도로 전파되었다"의 사진 전재.

〈중국 대련 고려박물관 용봉 옥기[20]〉

용과 봉을 한 세트로 제작한 듯 앞면은 반달(혹은 해) 뒷면은 북두칠성

---

20) 미디어피디아, 2020. 7. 13, "[단독] [역사(歷史)의 늪] 대련 고려박물관. 옥갑(玉匣)과 옥기(玉器) 내몽고 적봉 부근에서 태극과 북두칠성이 새겨진 옥 조각상 대거 발견 기사"의 사진 https://www.mediapia.co.kr/news/articleView.html?idxno=44158.

홍산문명의 문자 유물

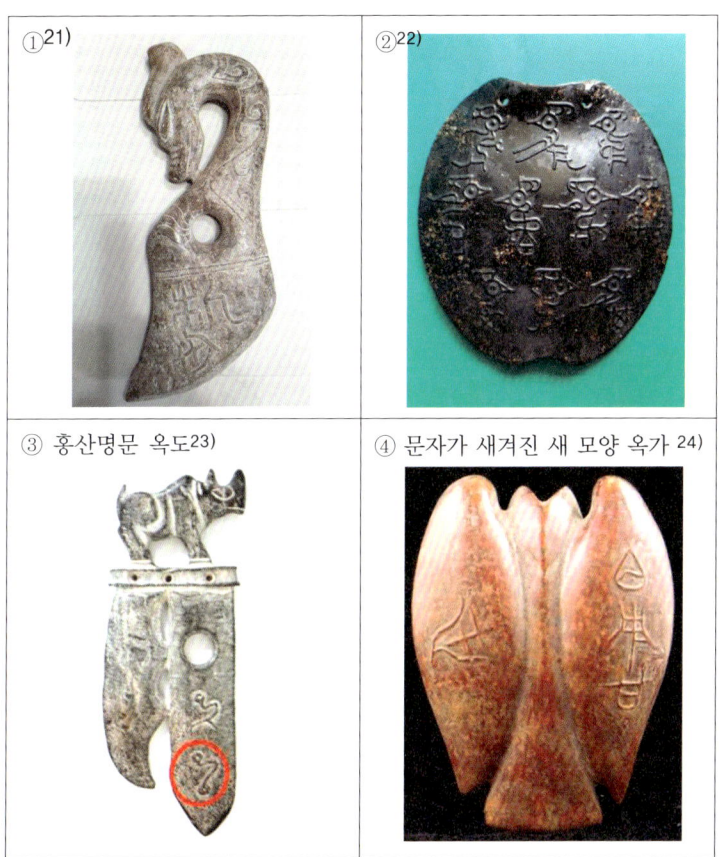

① 21)
② 22)
③ 홍산명문 옥도 23)
④ 문자가 새겨진 새 모양 옥가 24)

---

21) 영남문화뉴스 2021. 03. 01 '홍산문화는 우리 선조들이 남긴 인류문화의 시원문화이다' 전재.
22) 영남문화뉴스 2022. 07. 25 '홍산문화속 옥기문자' 기사 중.
23) 동이문화원 홈페이지 "흑피옥과 고조선 문자 게시물 중 인용, 동그라미 친 부분의 글자는 갑골문에서 겨울 동(冬)자와 동일한 데, 상나라가 홍산문명이 남하하여 세운 국가인 것을 증명하는 하나의 유물로 평가할 수 있겠다. 상나라 사람들은 주나라에 의해 멸망하자, 주요 세력은 고조선 지역으로 돌아 갔다.
24) 역사복원신문이라는 인터넷 신문에 2011. 9. 30 신제 칼럼니스트 글에 게재되었다고 하나, 현재는 사이트를 찾을 수 없다.

〈홍산문명의 옥결과 강원도 고성 문암리 옥결〉

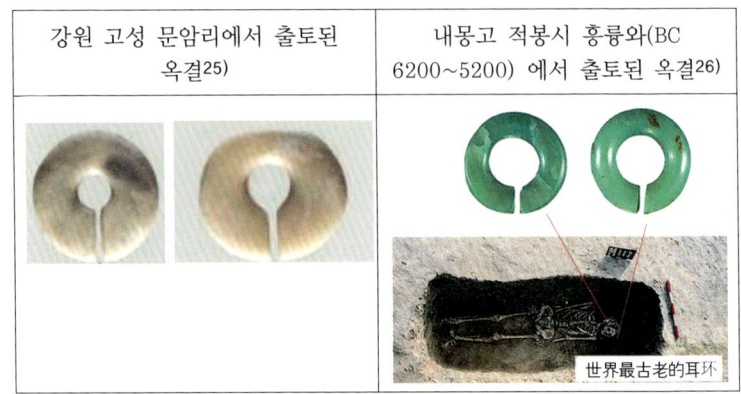

강원 고성 문암리에서 출토된 옥결25)	내몽고 적봉시 흥륭와(BC 6200~5200)에서 출토된 옥결26)

〈흥륭와 유적의 치아 수술 흔적〉27)

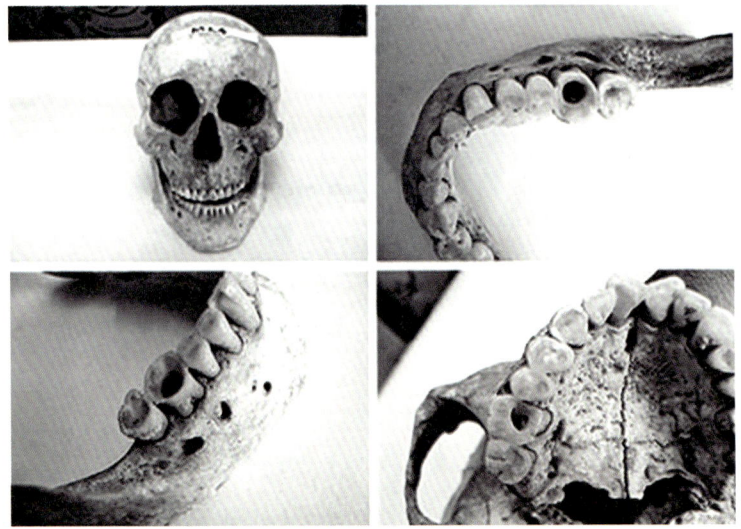

---

25) 국립문화재연구원 중요 소장 유물 목록(고성 문암리 유적 사진).
26) 경북신문 2016. 08. 30 "흥륭와문화 옥결(玉玦, 옥 귀고리) 이야기" 기사의 사진.
27) 경북신문 2016. 9. 6 "흥륭와문화의 치아 수술 흔적" 기사 중 사진 인용.

2. 우연적 문제에 대한 원류문명의 접근 (1)

인간과 사회에 대한 원초적인 문제에 대하여 고뇌와 지혜로서 원류문명을 창조하여 오늘날의 기초를 놓은 위대한 사람들도 인간의 괴로움의 문제는 가장 큰 문제였을 것이다. 갑작스러운 전쟁, 홍수 등 자연재해, 집단과 개인 간의 갈등 등등 인간의 계산 능력으로는 미리 대처하기 어려운 이러한 괴로움의 문제들에 대하여, 원류문명의 창조자들이 연구한 것은 대략 3가지 정도로 생각된다. 하나는 신체 능력을 최대로 계발하여 사람의 능력을 크게 향상시키는 것인데, 이는 수련, 명상, 신선도 등 신체와 정신의 능력을 향상시키는 노력이었다. 우하량의 여신 사당에서 발굴된 여신상도 신선도 수련 자세인 가부좌에 단전에 수인[28]을 한 자세로 조소되어 있다. 발견된 여신 옆에서는 실물 크기의 진흙으로 빚은 곰형상의 상(象)이 함께 발견되었다.[29] 이 같은 홍산인들의 문화는 신선도, 도교, 불교, 유교 등의 발생 근거가 되었다고 생각된다.

---

28) 진리나 서원을 나타내기 위하여 손가락으로 만드는 손 모양.
29) "동방 르네상스를 꿈꾸다 (2)" 한겨레신문 2019. 10. 19 수정 기사 참조.

우하량 여신 사당에서 발굴된 여신상30)	홍산문화 우하량 박물관에 복원해 놓은 여신상31)

⟨여신상 등 홍산문명 출토 인물상과 신선도, 도교를 연관하여 해석하는 견해⟩32)

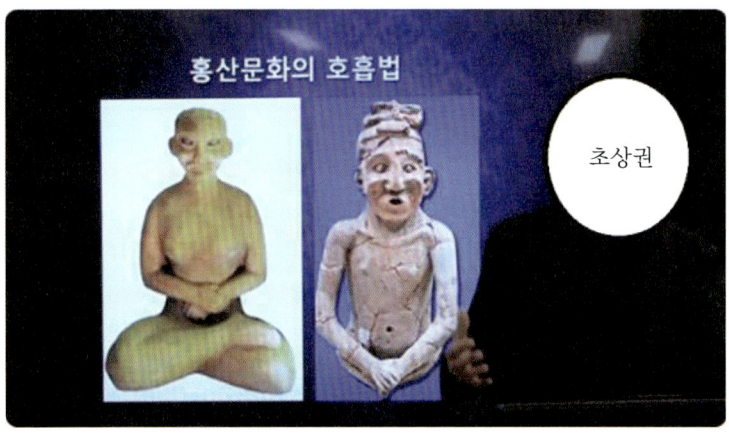

※ 위 사진에 나타난 인물상은 호흡수련과 영가무도 수련을 하는 모습을 나타내고 있다.

---

30) 영남문화뉴스 2023. 01. 03 홍산문화속 선도문화 기사중 사진.
31) 우실하, 2016. 11. 8 "홍산문화 우하량 제1지점 여신묘(女神廟)" 경북신문 기사 사진.
32) 유튜브 우리역사 바로알기 채널의 "홍산문명에서 만난 선도 수련법" 오순제 교수 강연영상 중 43:41초 부분 화면캡쳐.

〈홍산문화의 인면 유물〉[33]

〈홍산문명인들의 수련생활과 득도한 사람의
신광(神光)을 표현한 옥기 유물〉[34]

가부좌 자세와 신광을 표현한 옥기(1)	가부좌 자세와 신광을 표현한 옥기(2)	가부좌 자세와 신광을 표현한 옥기(3)

---

33) 유튜브, 한국유통신문TV, "구미문화예술회관-2021. 4. 20 홍산문화유물연구회 전시회" 전시물 촬영 영상 9:50 화면 캡쳐., https://www.youtube.com/watch?v=EAXa0bLf0RA.
34) 유튜브, 한국유통신문TV, "구미문화예술회관-2021. 4. 20 홍산문화유물연구회 전시회" 전시물 촬영 영상 말미 부분 화면 캡쳐., https://www.youtube.com/watch?v=EAXa0bLf0RA.

〈태극과 신선도를 나타내는 홍산 유물〉[35]

※ 위 사진들에서는 아직 불교의 발생 이전임에도 깨달은 자 내지는 부처로 보이는 존재의 수련 모습과 득도 후의 신광(神光)을 나타내고 있다. 석가모니 부처님의 수행도 어떤 식으로든 홍산문명의 문화와 상당한 관련을 가질 것으로 생각된다.

이와 같은 신선도 수행과 관찰을 통하여 원류문명인들은 물질의 배후에서 작용하는 기의 흐름과 작용방식을 상징하는 태극의

---

35) 영남문화뉴스, 2023. 01. 03 "홍산문화속 선도문화"! 기사 사진
http://ynculture.kr/news/view.html?section=107&category=233&no=2485.

존재를 인지하게 된 것으로 보인다. 원류문명의 유물에는 태극을 상징하는 다양한 옥공예품들이 출토되고 있다. 이러한 태극이론과 기학은 홍산문명 고유의 신선도 이론을 정립하여 오늘날에까지 그 영향을 미치고 있다. 우리의 태극기도 그 연원을 홍산문명에 두고 있다고 할 수 있다.

〈태극문양의 원조로 보이는 다양한 홍산옥기 유물〉36)

이 같은 홍산인들의 내적 탐구와 수련을 통하여, 동양에서 정신문명의 중요한 토대가 되는 핵심 개념과 이론은 대부분 이 시기에 정립되었다고 판단된다. [32쪽]의 우신상(?)을 보자. 우신상의 앞면 위에는 卍자, 아래에는 태극문양, 뒷면에는 십자가와 북두칠성을 새겨 놓았다(출처: 영남문화뉴스 2022.3.6자 "5500년전 신석기 시대 홍산문화속 태극문양, 만(卍), 북두칠성 !" 기사 : 편집장 장영도 님).

---

36) 정경희, "홍산문화의 祭天 유적 유물에 나타난 '韓國仙道'와 중국의 '先商文化'적 해석" 고조선단군학 제34호. 122쪽의 사진.

홍산옥기 우신상(牛神像) 앞면	홍산옥기 우신상(牛神像) 뒷면

가. 칠성신앙과 만(卍)자 상징

 칠성은 북두칠성을 말하며, 북두칠성은 하늘세계를 두루 돌아보며 인간의 길흉화복을 주관한다고 믿어져서, 인간의 출생, 수명, 재물, 비 등을 관장하는 것으로 신앙되었다. 우리나라에는 장례를 치를 때에 관 바닥의 나무판자를 칠성판(七星板)이라 하며 그 위에 시신을 얹는 풍속이 있었다. 한반도에서 다수 발견되는 고인돌의 뚜껑에서도 북두칠성으로 보이는 별자리가 새겨진 것들이 출토되고 있으며[37], 고구려 안악3호 고분에서도 북두칠성

---

[37] 북한 황해북도 은율군 관산리에 있는 고인돌을 비롯 북한에서만 약 200여 개의 별자리가 새겨진 고인돌이 출토되었다고 하며(한겨레신문 2005. 07. 05 "북한서 별자리 고인돌 200개 발견" 기사 참조), 한국에서도 충북대청댐 수몰지역에서 발견된 고인돌에서 북두칠성을 비롯 여러 별자리들이 새겨진 것이 확인되었다(오마이뉴스 2021. 9. 17 "완도 고인돌에 새겨진 별자리는 무슨 의미일까" 기사 참조).

등 별자리가 새겨져 있으며, 별자리 천문도가 그려진 고구려 벽화무덤은 25기에 달하는 것으로 알려져 있다.38) 북두칠성은 민간신앙뿐만 아니라 신선도 수행 등에도 사용되었을 것으로 생각되는데, 오늘날 기문둔갑 좌도에서도 신령을 통하는 수행법으로 칠성보법의 주문과 수련법이 남아있다. 북두칠성 사상은 유교에도 영향을 미쳤다. 공자는 논어 위정편에서 "정치를 덕(德)으로 함은, 비유하자면 북극성이 그 곳에 머무르는데 여러 별들이 함께 함과 같다39)"고 하였다.

[32쪽] 우신상의 앞부분 배에는 명백한 태극문양이 그려져 있고 태극의 양과 음에 다시 음양의 발생을 표현하는 점이 새겨져 있어서, 11세기 북송의 성리학자 소강절이 말한 "양은 음에 그 근거를 가지고 있고, 음은 양에 그 근거를 가지고 있다(互藏其宅)"라는 사상을 이미 수천년 전에 명확히 표현하고 있다.

위 우신상의 앞면 머리 부분에는 십자가에 만(卍)자가 표시되어 있는데, 만(卍)자는 북두칠성이 회전하는 모양이라고 한다.40) 卍자의 모든 끝 부분에 별을 나타내는 동그라미가 그려져 있는 것으로 보아 상당히 근거가 있는 주장이라고 하겠다.

만(卍)자 문양이 외국에서 한자문화권으로 전해진 것으로 알려져 있으나, [32쪽] 우신상과 같은 유물들의 출토로 인하여 오히려 홍산문화에서 전 세계로 뻗어나간 것임을 확인할 수 있다.

---

38) 국립중앙박물관 고고관 작은전시 "고구려 무덤 벽화의 별자리" 고고부 김동우님 설명자료 (https://webzine.museum.go.kr/sub.html?amIdx=8252) 참조.
39) 子曰: "爲政以德, 譬如北辰居其所而衆星共之."
40) 우신상 사진의 사용을 허락하신 영남문화뉴스 장영도 편집장님이 만(卍)자와 십자가의 의미에 대해서 선생님의 생각을 가르쳐 주셨습니다.

나. 십자가(十)의 의미

서양에서는 십자가를 바빌론(BC1895~BC539)에서 유래한 것으로 보고 있으나, [32쪽] 우신상에서 그 보다 훨씬 이전인 홍산문명에서 신성한 문장으로 사용되었음을 알 수 있다.

오늘날 십자가는 기독교의 상징으로 예수의 대속적인 죽음을 상징하며, 사랑과 구원의 상징으로 사용되고 있으나, 이는 예수의 출현 이후에 부가된 의미로서 십자가는 그보다 훨씬 이전부터 사용되어 온 것이므로 이러한 의미가 십자가의 본연의 의미는 아니라고 할 것이다. 십자가의 원래의 의미는 만(卍)자 상징처럼 북두칠성의 운동을 나타내는 상징인데 만(卍)자가 북두칠성의 회전을 나타내는 것이면, 십자가(十)는 북두칠성의 움직임이 동서남북의 정위치에 있는 모양을 나타내는 상징이라고 한다.[41] 북두칠성이 정위치에 있다는 의미가 무엇을 의미하는지는 별자리 이론 등이 실전되면서 오늘날에는 그 의미를 찾기 어려운 것으로 생각된다. 아마 동서남북을 상징하는 춘하추동의 기운이 가장 아름답게 잘 드러났을 때의 기운을 의미하는 것일 것이다.

---

41) 앞의 주석 40)과 동일함.

다. 태극과 팔괘

아래 석판을 보자.

〈우하량 출토 '팔괘'석판〉[42]

* 강하고 단단한 돌에 양각으로 고대인이 엎드려 경배하고 있는 모습과 팔괘를 새겨 놓았다. 태호복희씨의 팔괘보다 더 앞선 팔괘인지도?
(중국 우하량에서 출토된 석판으로 팔괘는 5500년 전 태호복희씨에 의해 팔괘가 만들어졌다고 한다. 세계 신석기 시대 최고의 옥기문화의 발생지인 홍산문화 속에 고대인이 팔괘를 새기고 있는 장면? 엎드려 제사 지내는 장면?)

[43]

---

42) 영남문화뉴스 기사
   https://ynculture.kr/news/view.html?section=107&category=233&no=2324&PHPSESSID=47b6c4acd0f21ab40cb67c350f017b1d).
   우하량 유적은 BC 4500~BC 2900년 정도로 보는 듯하다(원중호, 우하량 유적 적석총의 축조 목적 再考, 東洋學 第80輯(2020. 7) 檀國大學校 東洋學硏究院, 제127쪽 우하량 적석총 유적의 축조연대 참조.
43) 한국유통신문 김도형 발행인님 제공 사진.

한국인의 지혜   35

[35쪽] 홍산문명의 팔괘석판에는 주역의 핵심인 팔괘가 모두 그려져 있고, 그 가운데는 주역 경전에도 언급이 없는 태극이 새겨져 있어서 태극과 팔괘의 관계를 표현하고 있다. 사람들은 이를 경외하는 모습이다. 석판에서 팔괘의 위치는 오늘날 전해지는 복희팔괘나 문왕팔괘도와는 다르다. 유교의 핵심경전인 주역의 팔괘가 이미 홍산문명에서 일반 대중의 경외를 받을 정도로 보급이 되어 있었다는 사실을 알 수 있다. 일반 대중으로 보이는 사람들이 공경과 숭배의 자세를 하고 있는 모습에서 태극팔괘에 대한 사상 내지 믿음은 매우 대중화되어 있었다고 추론할 수 있다.

태극문양과 북두칠성은 중국의 대령 고려박물관에 전시된 홍산옥기에서도 찾아볼 수 있다. 아래의 우신상에서도 앞에는 태극, 뒤에는 북두칠성이 있는 것으로 보아, 태극의 작용과 북두칠성의 작용은 매우 깊은 연관을 가지고 있다고 생각되며, 이는 태극팔괘의 주역 이론과 28수의 별자리 이론이 깊은 관계를 가지고 있음을 추론해 볼 수 있다고 생각된다. 지금 한국사회에서는 여기에 대한 학문적 내용은 찾아보기 어렵다. 거의 자취를 감춘 것으로 생각된다. 별자리와 관련하여서는 주역 단전의 산화비에 하늘의 꾸밈을 보아 때의 변화를 살피며, 사람들의 꾸밈을 보아 천하를 교화한다고 하는 문구가 있다.[44]

---

44) 觀乎天文 以察時變, 觀乎人文 以化成天下.

〈대련 고려박물관의 홍산옥기 우신상 앞, 뒤〉[45]

 이처럼 홍산문명에서는 이미 오늘날 동양철학의 핵심개념인 태극, 음양, 팔괘, 칠성, 만(卍)자, 십자가 사상이 모두 밝혀졌다고 생각된다. 신라금관에 달린 곡옥(曲玉)은 태극문양의 절반 모양을 옥으로 만든 것으로 생각된다.

〈신라금관의 곡옥(曲玉)[46]과 태극문양〉

신라금관의 곡옥	태극의 반쪽 문양

---

45) 미디어피디아, 2020.7.13, "[단독] [역사(歷史)의 늪] 대련 고려박물관. 옥갑(玉匣)과 옥기(玉器) 내몽고 적봉 부근에서 태극과 북두칠성이 새겨진 옥 조각상 대거 발견 기사" 중 사진 https://www.mediapia.co.kr/news/articleView.html?idxno=44158.
46) 국가유산청 2014.3.12자 국가유산사랑 게시 글의 사진에서 일부 사용.

앞서 살펴본 천지인 삼재(三才) 사상과 태극, 음양, 팔괘의 사상은 모든 동양철학의 근간을 이루는 사상이다. 태극은 음양을 낳아서 만물을 창조하는 힘으로서 태초에 만물을 창조하였을 뿐만 아니라, 지금 이 순간을 포함한 매순간 우주의 시공간을 초월하여 존재하면서 음양을 낳고 모든 우주의 창조와 유지활동을 일으키는 주체란 점에서 동양적 창조론이라 할 수 있고, 철학적, 과학적, 실용적 사유의 바탕을 이루는 매우 심오한 이론이다. 필자는 이러한 태극 사상이 홍산문명과 한민족의 핵심 철학이라고 이해하고 있다.

이와 같은 홍산문명인들의 이론적 철학적 성찰의 결과물은 사방으로 퍼져 나갔고 후대로 전해져서 수많은 사람들의 마음과 정신에 영향을 주었고, 유, 불, 선 3교 등으로 변형되며 이어져 왔다. 우리가 이러한 방식으로 인생에서 피할 수 없는 괴로움의 문제를 해결 하고자 한다면, 착실히 이러한 철학과 학문을 배우고 연구하여야 할 것이다. 그러나 유감스러운 점은 대한민국의 현실은 홍산문화 당시보다도 철학적으로 낫지 않다고 생각되는 사실이다. 배우고자 하여도 마땅히 배울 곳이 없고, 배운다고 하여도 마무리를 할 수 없는 수준이 오늘날의 대한민국의 현실이라고 생각된다.

다행히 우리 한국사회에는 우리가 인류 최초의 위대한 문명인 홍산문명의 뒤를 면면히 잇고 있음을 나타내는 상징이 있다. 바로 태극기이다. 태극기는 진리의 상징으로서 그 자체로 창조와 유지의 상징이며 진리와 철학의 상징이다.

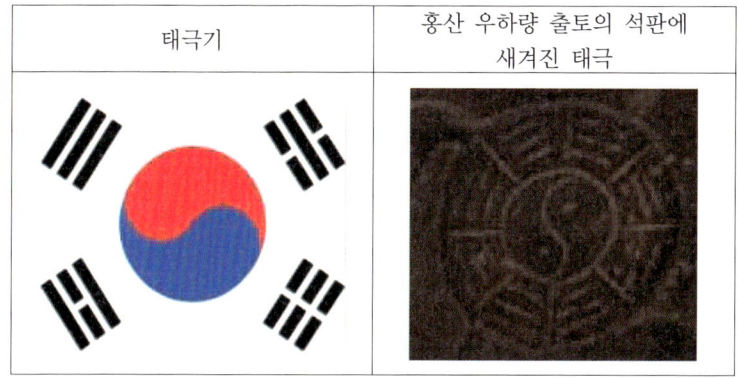

태극문양은 한민족의 역사에서 유구하게 사용되어 왔다.

〈백제시대 목제품의 태극문양47)_
나주 복암리 고분군(사적 제404호) 출토〉

옆 백제시대 태극문양은 경주 감은사지 장대석의 태극문(682년)보다 70여 년이 앞서고, 중국의 최초 태극문양으로 알려진 송나라 주돈이(1017~1073)의 태극도보다 400여 년 앞선 것이다. 그러므로 태극문양은 중국에서 유래한 것이 아니라 우리나라 고유의 문양으로 볼 수 있다.

우리나라 최고(最古) 태극문양이 있는 목재 유물

---

47) "나주 복암리 유적 출토 목간" 2009-07-07, 국가유산청 국가유산소식지 국가유산사랑에 게제된 사진.
https://www.khs.go.kr/cop/bbs/selectBoardArticle.do?nttId=5837&bbsId=BBSMSTR_1008&mn=NS_01_09_01

〈신라시대 황금보검에 새겨진 삼태극_경주 계림로 보검(慶州 鷄林路 寶劍)〉[48]

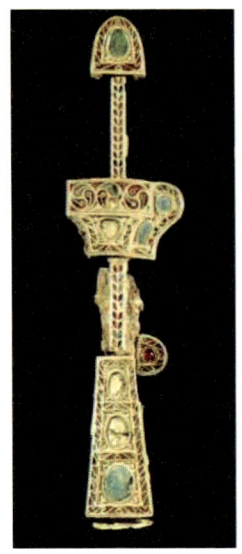

〈고려시대 동경의 태극팔괘문양〉[49]

---

48) 국가유산청 국가유산포털 : 신라시대(5~6세기) 유물로 추정하고 있다.
49) 국립중앙박물관(https://webzine.museum.go.kr/sub.html?amIdx=6603).

〈고려 공민왕릉의 태극문양〉[50]

〈조선시대 판옥선 꼭대기에서 펄럭이는 태극기_조선수군 항진도〉[51]

　19세기에 그려진 수군조련도의 태극기_(케이옥션에 나온 작품22.04.27)[52]에도 조선수군의 대장선 꼭대기에 태극기가 걸린 작품이 있다.

---

50) 사진출처: 허호익 교수의 한국신학 마당(http://theologia.kr/board_3principle/30381).
51) 광주지방병무청 블로그(https://blog.naver.com/kjmma/140089725834) 게시물.
52) '바라보다'님 블로그 https://blog.naver.com/chatelain/222713792249.

〈조선시대 군기(軍旗)의 태극팔괘_좌독기(坐纛旗)〉

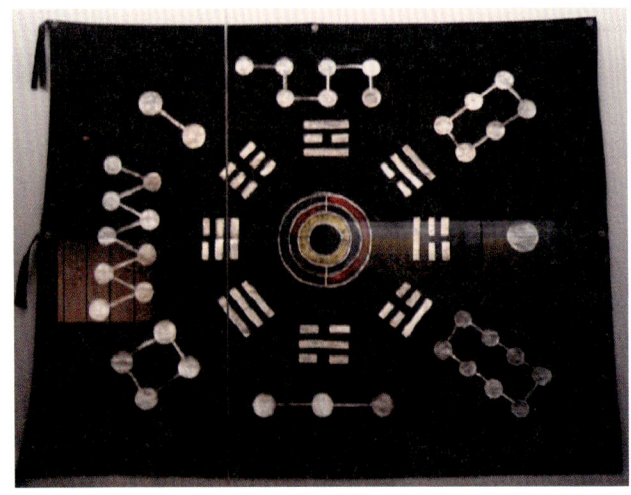

〈임진왜란에 참가한 명나라 화가가 그린 조선수군 태극기_정왜기공도〉[53]

조선시대에 이극돈의 그림에서 중국 사신 숙소 앞에 말뚝을 꽂고 게양된 태극기는 가운데에 태극을 중심으로 아래와 위에 두 개의 괘만 그려져 있는데, 위에는 리(☲) 아래는 감(☵)괘가 그려져 있다[54]

---

53) 남도일보2019. 1. 28 전라도 역사이야기_74순천왜성 전투 정왜기공도권(征倭紀功圖券) (https://www.namdonews.com/news/articleView.html?idxno=508126).
54) 송춘영, 태극기의 어제와 오늘, 2008.6.15, 형설출판사 14쪽.

〈대한황제폐하 어기와 대한황제폐하 몽기〉[55]

| 대한황제폐하(고종) 어기[56] | 고종황제폐하 몽기[57] (대한황제폐하몽긔, 大韓皇帝陛下鬃旗) |

 이상에서 살펴 본 바와 같이 단군조선 이전부터 태극과 팔괘는 우리 민족과 함께하여 왔다. 그로부터 구한말 고종시대까지도 사용되어 왔으며, 우리 민족에게서 인간의 근원과 천지운행을 상징하는 존재로서 면면히 사용되어 왔다. 그러므로 조선이 멸망한 후에 독립군이 우리 민족을 상징하는 문장(紋章)으로 태극팔괘를 사용한 것은 매우 자연스러운 일이었을 것으로 생각된다. 그러므로, 1882년 박영효가 일본에 가면서 고종의 명에 따라서 '태극·4괘 도안'의 기를 만들어 사용하였다는 기록이 있고, 조선 고종이 1883년 3월 6일 왕명으로 이 '태극·4괘 도안'의 태극기를 국기로 제정·공포하였고, 대한민국 정부가 1949년 10월 15일 「국기제작법 고시」를 통해 국기 제작 방법을 확정하였

---

55) 위키백과
(https://ko.m.wikipedia.org/wiki/%ED%8C%8C%EC%9D%BC:Imperial_banner_of_Korea.svg)
56) 위키백과 대한민국 국기 내용 중(https://ko.wikipedia.org/wiki/대한민국_국기).
57) https://commons.wikimedia.org/wiki/Image:Imperial_banner_of_Korea.svg?uselang=ko.

불원복 태극기[58]	한국광복군 서명문 태극기[59]
	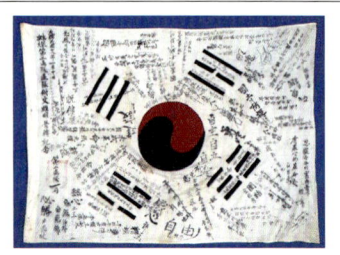

다고 하더라도, 정부가 정한 태극기는 다양한 태극팔괘의 표시 방법 중 하나일 뿐이고, 정부 차원의 용도에 사용되는 형식을 정한 것일 뿐이므로 다양하고 자유로운 태극기의 제작과 사용이 나타나도 무방하다고 생각된다.

  홍산문명인들의 이러한 철학적 업적과 역사적 유물은 오늘날 우리 한국사회에도 면면히 계승되고 있다. 그러므로 태극기가 상징하는 것은 "진리"와 "국가 상징"의 의미 외에도 "인류 최초 문명의 계승자", "인류 문명의 창시자"의 정신적 유산을 잇는 상징과 자부심의 의미도 지닌다고 생각된다. 그리고 이러한 태극 문양과 태극기가 오늘날의 우리에게 시사하는 점은, 국가의 상징이란 의미 외에도, 인류 최초 문명은 약 5,600여 년 전 또는 훨씬 그 이전에 고도의 철학적 탐구를 통하여 우주 변화의 근본

---

58) 국가문화재청 설명에 따르면 "조선 말 전남 구례 일대에서 활약한 의병장 고광순(1848~1907)이 사용한 것으로 알려진 태극기로 '머지않아 국권을 회복한다'는 '不遠復' 글자가 수놓아져 있어 항일 독립운동과 관련하여 사료적 가치가 크다"고 한다.
저자의 생각으로는 태극기에 쓰여진 불원복(不遠復)은 주역 지뢰복괘의 초효에 나오는 말로서, 잘못된 것이 바로잡힌다는 뜻으로, 주역을 통하여 곧 다가올 광복을 내다보고, 주역의 복괘의 시대가 곧 다가옴을 예언한 태극기로 생각된다. 고광순 의병장이 주역에 조예가 있었음을 유추해 볼 수 있다.
59) 국가유산정보 포털.

원리를 탐구해 내고 하나의 철학체계로 완성시켰으며, 그 결과 하늘과 땅과 사람이 연결된 존재이며, 인간은 내면에서 하늘과 근원에 연결된 신성하고 존엄한 존재로서, 노력과 수양을 통하여 이를 현실화 할 수 있다는 점을 철학적 학문적 업적을 통해서 증명한 부분이라고 하겠다. 이러한 철학적 업적은 유교, 불교, 도교의 탄생에 직접적이고 핵심적인 영향을 주었을 것으로 생각되며, 음양, 태극, 팔괘, 중도, 응, 비, 승(乘), 승(承) 등 그 핵심 내용은 오늘날의 유교경전이나 불교문화, 도가사상 등에 남아 있다고 보여진다.

3. 우연적 문제에 대한 원류문명의 접근 (2)

앞에서는 인생을 살아가면서 피할 수 없는 우연적 문제들의 습격을 해결하고자 하는 방법으로서, 인간의 영적, 정신적 내면적 수련을 통한 해결을 추구하는 방법들을 살펴보았는데, 이 항에서 살펴볼 또 다른 해결 방법은 점(占)이다.

'점이 무엇인가'에 대하여, 현대사전에서는 대체로 "미래나 앞으로 나아가야 할 것을 알기 위해 하는 것[60]"이라고 설명하고 있는데, 점(占)의 어원은 갑골문의 자가 한족들에 의해 변형된 것으로서 [47쪽]의 유물 사진에서 나타나는 거북배 껍질이나 소의 견갑골 등으로 미래의 일을 알아보기 위해 행하는 것을 나타내는 것이다. 점에는 단순히 미래를 알아보기 위한 기술의 의미만 있는 것이 아니라, 점이 작동하는 시스템이 되는 근본은 매우 신성한 것이므로 신성함(divine)의 의미가 바탕에 깔려 있다.

점(占)과 비슷한 의미로 복(卜)이 있다. 점(占)은 동물 뼈에 동그란 구멍을 파서 불에 태워서 갈라진 모양을 본뜬 글자이고, 복(卜)은 [47쪽]의 사진과 같은 뼈를 불로 지지면 갈라지는 모양을 본뜬 글자(卜)로서 '미래의 일을 계시하는 모양' 또는 '뼈가 갈라진 것을 해석하는 일' 정도를 의미한다고 생각된다. 그러므로 점을 치는 일

---

60) 위키 낱말사전의 풀이.

卜 자가 나타내는 점(占) 유물	
① 거북점 유물61)	② 복골점 유물62)
	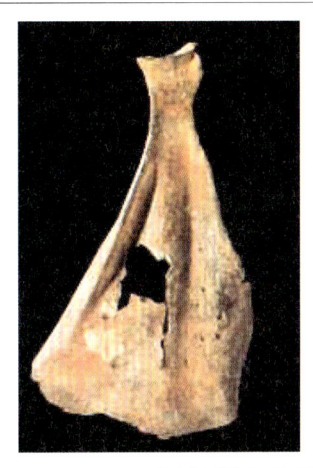

을 점복(占卜)이라고 부르기도 한다. 거북이나 소뼈 등을 불로 지져서 갈라진 모양을 어떻게 해석하는지에 대한 방법은 지금은 시중에서 거의 자취를 감추었고 찾아 볼 수 없어서, 완전히 소실되었다고 생각을 했었는데, 2019년 일본이 왕위 교체를 하면서 올리는 대상제(大嘗祭)에 올릴 쌀을 생산할 논(斎田 : 사이덴)을 결정하는 데에 거북점을 쳐서 결정한 일이 있었다. 아직 일본 왕실에서는 이 방법이 전수되고 있는 것으로 보인다. 아마 우리나라에는 이런 문화를 전수한 곳이 없을 것으로 생각된다. 다음은 거북점에 관련된 신문기사의 내용 중 일부이다. 순수한 사실의 전달에 관한 부분으로서 거북점에 관련된 중요한 자료라고 생각되므로

---

61) 베이징관광국 한글 홈페이지 "중국국가박물관 처음 갑골문 문화전시 개최" 기사의 사진.
62) 문화체육관광부 국립광주박물관 자주하는 질문 "점뼈란 무엇입니까"에 게재된 사진.

기사 중 사실의 전달 부분 일부를 소개해 둔다.

> 〈거북점 관련 기사_연합뉴스 2019.05.14 11:59〉
> "일왕 즉위 행사용 쌀 생산지 고대 거북점으로 '낙점'"
> ……
>
> 왕실업무 관장부처인 일본 궁내청은 13일 대상제 때 신에게 바칠 쌀 생산지를 도치기(회<又대신 万이 들어간 板)木)현과 교토부(京都府)에 두기로 결정했다. 옛부터 전해오는 거북점으로 대상지를 선정한 것으로 알려졌지만 궁내청이 설명을 하지 않아 자세한 과정은 베일에 싸여 있다.
>
> 14일 아사히(朝日)신문에 따르면 거북점을 친 13일 궁중제사를 담당하는 '쇼텐쇼구(掌典職)' 직원 일행이 고대 옷차림으로 왕궁 내 규추산덴(宮中三殿)에 설치된 사이샤(斎舎)로 들어갔다. 곧 장막이 쳐지고 궁내청 간부도 장막 밖에서 기다렸다. 일본 거문고와 신악(神楽歌)을 연주할 때 부르는 노랫소리가 들리는 가운데 40여분 만에 행사가 끝났다.
>
> 사이샤 안에서는 부싯돌로 일으킨 불을 벗나무의 일종인 우와즈미자쿠라 나무에 지피면서 대나무 젓가락으로 장기알 모양으로 가공한 거북 등껍질을 덮어 태운다. 뜨거워진 부분에 물을 부어 갈라지는 모양으로 길흉을 판단한다는 게 궁내청 관계자의 설명이다. 그러나 거북 껍질이 어떻게 갈라져서 도치기현과 교토부를 선정하는 근거가 됐는지는 "공개되지 않았다"고 니시무라 야스히코(西村泰彦) 궁내청 차장이 전했다.
>
> ……〈나머지 생략〉

위와 같이 동물의 뼈를 이용하여 점을 치는 일은 한반도 전체에서도 행해졌다. 우리나라에서 발견된 복골 유물로는 경남 김해시 부원동에서 출토된 복골과 전남 해남군 송지면 군곡리 패총에서 출토된 복골 등이 있다.

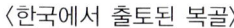
〈한국에서 출토된 복골〉

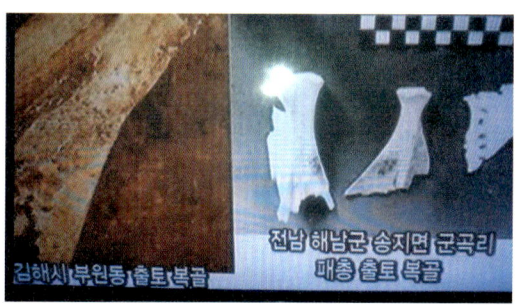

홍산문화에서 지금까지 가장 오래된 복골이 출토된 유적은 발해 연안 북부지구 서요하 상류의 부하구문(富河溝門) 유적이다. C^{14} 측정 연대는 BP 5,300±145년이다. 이후 하가점 하층문화(BC 2000~1500)에서 갑골이 많이 발견되고 있으며, 서남향하여 은대(殷代, BC 17C~11C)에서 가장 많이 유행했다. 은상(殷商)에서는 전기에 무자갑골63)이 성하였고, 후기에는 유자갑골(有字甲骨)이 성행하였다.64) 갑골문자는 홍산문화가 서남쪽으로 전파되어, 점복(占卜) 활동과 함께 필요에 의해 발전된 문자로서 은나라 약 500년 간에 거의 변화가 없을 정도로 완성된 문자체계였다. 그러나 이러한

---

63) 글자가 새겨져 있지 않은 점을 친 거북 껍질.
64) 주간경향 2024. 10. 21 "홍산문화 여신상은 고대 종교유적" 기사 중 인용.

문자체계는 은나라가 미개한 중원의 주나라에게 멸망하면서 파괴되기 시작하여 은나라에 비하여 미개하였던 주나라와 춘추전국시대를 거치면서 심각하게 파괴되었다. 문자 파괴로 인하여 각 지역마다 문자가 다르게 되었다. 그러므로 분열된 중원을 다시 통일한 진시황제는 문자통일사업을 하지 아니할 수 없었고, 대전과 소전으로 이어지는 문자통일과정에서 홍산문명의 한 갈래인 은나라의 문자체계는 완전히 붕괴되었다.

〈중국문명에 의한 문자 파괴 사례 _목숨 수(壽)자에서의 사례〉

갑골문	금문	전서(진시황)	해서
			壽

문자가, 문화가 낮은 중국인들에 의해서 파괴된 사례를 예를 들면, 위 표에서 壽(목숨 수)자는 당초 갑골문에서는 $자였다. 여기서 S는 죽은 뒤에 건넌다는 강(삼도천, 요단강 등)을 표현한 것으로 해석되는데, 삶을 마치고 죽어서 건너는 강과 강을 건너가는 사람의 발(⊅)을 표현하고 있다. 삶을 마쳤다는 뜻에서 목숨이란 의미를 부여한 것으로 해석된다. 여기에서 파생되어 오래 살다는 의미도 부가되었다. 그런데, 이러한 문자를 사용하던 은나라가 미개한 사회인 주나라에 의해 멸망하자, 갑골문 $에 노인을 의미하는 가 부가되었고, 춘추전국시대를 거치면서 모양이 로 변경되고, 당나라 즈음에는 壽로 변형되어 상형의 뜻을 알기 어

렵게 파괴되어 버렸다. 이런 식으로 거의 대부분의 글자가 중국 문명에 의해 파괴되고 변형되어 찬란했던 홍산문명의 유산은 중국에서 크게 퇴조하였고, 중국민족은 홍산문명의 존재 자체도 모른 채 3,000년 이상을 지내고 현대에 이르렀다. 현대 중국이 운 좋게도 만주지역을 차지하여 홍산문명의 유물을 발굴하기에 이르렀으나, 중국의 역사기록에는 홍산문명을 설명할 수 있는 아무런 역사서가 존재하지 않는다. 오직 한국에만 홍산문명을 기록한 역사서[65]가 다수 존재할 뿐이다.

그러므로 한족의 한나라당나라 시기에 정립된 해서체에 이르면 글자의 형태나 원리는, 거의 알아 볼 수 없이 파괴되어 괴상한 암호체계처럼 되어 버렸고, 현대 중국은 이마저도 변형시키고 부수어 놓아서(간자체) 자연의 근원과 소통하던 심오한 상형문자로서의 기능을 거의 망가뜨려 놓았다. 그나마 은나라(商)의 수도였던 안양현 소둔촌 은허(殷墟)에서 1899년에 갑골문이 발견되고 해독됨으로써 문자의 기능은 조금씩 일부에서 회복되고 있는 중이다.

어쨌든 최초의 문명을 창조한 지혜로운 사회는 인간의 인생에서 발생하는 우연이라는 문제에 대처하기 위하여 점복(占卜)의 원리와 이론을 발전시켰으며, 이러한 점복은 사회 운영에서 주춧돌과 같은 역할을 하며 사회의 모든 영역에 원초적이고 중대한

---

[65] 환단고기(桓檀古記), 규원사화(揆園史話), 단기고사(檀奇古史) 등 비현실적이라 하여 위서 논쟁이 있는 책들이지만, 최근 이 책에 나오는 천부인과 같은 도장들이 홍산문명에서 광범위하게 사용되었음을 증명하는 많은 옥도장 유물이 출토되었다. 웅녀가 아닌가 생각되는 여신상도 출토되었다. 홍산문명에서 최고 약 9,000년 전까지 소급되는 유물과 유적이 대량 발굴되면서, 당시의 역사와 문화를 기록하고 있는 이러한 책들의 신빙성이 좀 더 높아 졌다고 할 수 있고, 이러한 책들 외에는 홍산문명에 대한 아무런 역사서가 없는 현실에서 이 책들에 대한 관심이 더욱 커 질 수밖에 없게 되었다고 생각된다.

영향을 미쳤다. 이들이 구축하고 관찰하고 발견해 놓은 현상이나 이론들은 오늘날에도 근본원리로 작용하며 이론과 현상에 막대한 영향을 미치고 있다.

〈러시아 알타이 지역 유목민이 지금도 동물 뼈로 점을 치고 있는 사례〉[66]

> 유튜브 The Ulengovs 채널에서 올린 "알타이의 외딴 마을, 오늘의 러시아 생활, 알타이, 무녀"라는 영상에서 동물의 견갑골 뼈를 손질하고 구워서 점을 치는 생활 모습을 볼 수 있다 (https://www.youtube.com/watch?v=6c5dlECGpqU).

---

[66] https://www.youtube.com/watch?v=6c5dlECGpqU&t=0s, "알타이의 외딴 마을, 오늘의 러시아 생활, 알타이, 무녀" 7:07초 이하.

4. 점복(占卜)을 믿을 수 있는가?

점복에 대하여 흔한 견해 중의 하나를 인터넷을 검색하다가 발견하였는데 소개해 보면, "점쟁이는 하늘의 소리를 들었다고 뻥을 쳤다. 죽은 거북이 배딱지가 전쟁을 해야 하는지 어떻게 알며, 제물을 받아먹고 굿을 하는 것을 보고 미래를 알려주는 존재가 있다면 이런 존재를 숭배해야 하는가?"[67]라는 취지의 생각이다. 아마 과학주의가 지배하는 오늘날의 상당수들의 생각일 듯하다.

과학이라는 문화가 신앙처럼 지배하는 오늘날의 기준으로 볼 때, 죽은 거북이 배딱지를 통해 미래를 안다는 것은 참으로 이해하기 어렵다. 그러므로 현대인들은 대부분 위와 같은 의견에 대하여 같은 생각을 가지고 있을 것이다. 그런데, 만약 그렇다면 국가의 최고급 인력이 점을 치고 해석하였고, 점을 관장하는 국가관청을 만들어서 운영하였던 은나라, 고구려, 고려, 조선 등 수천 년의 동방사회가 무지해서 이런 점(占)을 운영하여 왔을까? 이순신 장군도 아직 미개해서 매일 아침 점을 쳤을까[68]? 아니

---

67) https://brunch.co.kr/@nudugyozu/168, brunch story "점(占)치다 망한 나라"의 누두교주님 글 내용 요약.
68) 이순신 장군의 난중일기에는 점을 친 기록이 17회 나오는데, 14번이 척자점이고, 한 번이 주역점, 두 번이 일반 점술사에 의한 점이라고 한다.

면, 현대인들이 미개해 져서 당시에 존재하였던 이론이나 문화를 이해하지 못하는 것일까?

이와 관련하여 살펴볼 만한 것으로 칼 구스타프 융69)의 〈동시성 : 비인과적인 연결원리〉라는 논문이 있다. 이 이론에서 말하는 동시적 사건이란 꿈이 현실에서 일어난 사건과 일치하는 경우, 예감이 실제의 진실과 들어맞는 경우, 서로 다른 사람 간에 같은 생각이 동시에 일어나는 경우처럼, 통계적으로 입증되거나 규칙적으로 재생이 가능하지 않은 사건이지만, 한 개인의 관점에서는 함께 일어난 두 개의 사건이 어떤 인과적 의미를 가진 사건을 말한다. 그러므로 이러한 동시적 사건에서의 동시성은 우리의 일상적인 차원과 보다 더 깊은 근원적인 차원에서 전개되는 현상이라 추리될 수 있고, 일반적인 우리의 경험칙으로는 인과관계를 이해하거나 설명할 수 없는 현상이다. 다음은 '융'이 자신이 경험한 동시성의 사례로 밝힌 사례라고 한다. 필자가 원문을 읽을 수 없어서 '전 철'님이 http://theology.co.kr에 게재한 '칼 구스타프 융의 동시성 이론과 그 의미'라는 논문에 있는 동시적 현상의 세 가지 유형을 소개하고, 논의를 이어 나가고자 한다.

---

69) 1875년 7월 26일~1961년 6월 6일)은 스위스의 정신의학자로 분석심리학의 개척자, 콤플렉스와 집단무의식의 개념을 정립, 한때 프로이트와 교류하며 공동연구를 하였으나, '리비도'에 대한 견해 차이를 계기로 결별하여 독자노선 걸으며 분석심리학이라는 분야를 개척하였다(위키백과 참조).

〈동시적 현상의 세 가지 유형 사례〉

1) 관찰자와 의식 상태와 외부의 사건이 동시적으로 일치를 보이는 경우

이 첫째의 유형에 관한 융의 경험은 다음과 같다. 융은 지나치게 합리적이어서 치료에 강한 저항을 보이던 여자 환자와 분석을 진행하고 있었다. 닫혀 있는 창을 등 뒤로 하고 앉아서 융은 이 환자가 자기의 꿈을 설명하는 것을 듣고 있었다. 환자의 꿈은 매우 인상 깊은 꿈이었는데, 누군가가 황금색 풍뎅이 모양의 고귀한 보석을 선물로 주는 내용이었다. 순간 등 뒤의 창밖에서 갑자기 창문을 두드리는 소리가 들려왔다. 융이 소리 나는 곳을 돌아보니 황금색 풍뎅이와 유사한 곤충이 방으로 들어오려 하는 것이었다. 융은 창을 열어 그 곤충을 잡아 환자에게 "여기에 당신의 풍뎅이가 있습니다"라는 말과 함께 건네 주었다. 이러한 사건은 환자의 냉철한 합리주의와 지적인 저항에 금을 가게 하였고, 이후에 그 환자에 대한 치료는 매우 원활하게 진행되었다고 융은 말하고 있다.[70]

---

[70] Ibid., pp.525-526., 전철의 신학동네, "칼 구스타프 융의 동시성 이론과 그 의미", 한신 29 (한신대학교, 1999), pp.152-163, http://theology.co.kr/article/syn.html에 게재된 논문 중. 3. 동시성 현상의 세 가지 유형과 그 사례의 유형 인용 전재.

2) 관찰자의 의식 상태와 관찰자의 지각 영역으로 포섭되지 못하는 외부의 사건이 동시적으로 일치를 보이는 경우

스웨덴보그는 수백 킬로 떨어진 스톡홀롬에서 큰 화재가 나는 환상을 보았다고 한다. 그런데 그 환상은 환상이 아니었다. 실제로 그 순간에 스톡홀롬에서는 대화재가 일어났기 때문이다. 이러한 환상에는 투시, 텔레파시라 불리울 수 있는 것들이 깊이 관여되어 있다고 융은 해석하고 있다.[71]

3) 관찰자의 의식 상태와 앞으로 일어날 미래의 사건과 일치를 보이는 경우

세 번째 유형에 관한 융의 진술과 경험은 다음과 같다. 융은 1902년 봄에 던(I.W. Dunne)이 꾼 꿈을 인용한다. 던은 꿈에서 자신이 화산에 서 있는 것 같다고 고백하였다. 그 곳은 섬이었고 던은 화산폭발의 위험을 감지하게 되었다. 그래서 그는 꿈에서 4,000명의 주민을 대피시키기 위하여 뛰어다니는 꿈을 꾸었다. 며칠 후에 던은 신문을 받아보았다. 그의 시선은 다음과 같은 신문의 헤드라인에 쏠리게 되었다. "마르티니크의 화산폭발 ― 용암이 도시를 휩쓸어 갔다. 40,000명 이상의 인명 유실."[72]

또 다른 경험은 다음과 같다. 한 등산가가 융을 찾아왔다. 그 등산가는 어느 날 밤 높은 산의 정상에서 허공으로 발을 내딛는

---

71) Ibid., p.526.., 전절, "칼 구스타프 융의 동시성 이론과 그 의미", 한신 29 (한신대학교, 1999), pp.152-163, http://theology.co.kr/article/syn.html에 게재된 논문 중 3. 동시성 현상의 세 가지 유형과 그 사례의 유형 인용 전재.
72) 71) 내용과 동일함.

자신의 꿈에 대하여 융에게 말해 주었다. 융은 그 꿈을 다 듣고 등산가의 앞에 닥쳐올 위험을 알았다. 그리고 융은 꿈이 주는 경고를 강조하여 그에게 스스로 등산을 자제하도록 경고하였다. 그러나 그것은 허사였다. 왜냐하면 그는 결국 등산 중에 발을 헛디뎌 "허공으로" 낙하하였기 때문이다.[73]

    칼 융이 제시한 위와 같은 사례들은 우리의 의식이 인지하는 인과율로는 설명되지 않는다. 환자가 황금풍뎅이 모양의 보석에 대해서 얘기하는 것과 실제로 풍뎅이가 나타난 것은 우리의 경험세계의 관계에서는 아무 인과관계가 없다. 그런데 이 두 가지 현상이 동일한 시공간에 동시에 나타난 것이다. 실제로 일어나는 꿈도 마찬가지이다. 내가 꿈을 꾼 것과 실제로 그러한 일이 일어나는 것은 현실세계에서는 인과관계가 없다. 그런데 같은 일이 동일한 사람에게 관념과 현실에서 일어난 것이다. 이런 일은 어떻게 설명될 수 있는가? 이러한 점은 무엇을 시사하는 것일까? 여기에 대하여 융의 주장은 우리의 무의식이 우주를 포함한 전체 세계를 인식하는 능력 면에서 의식보다 더 뛰어나며, 제한적인 인식으로 생활하는 우리의 자아가 협소한 세계에서 헤매지 않고 좀 더 온전하고 완전한 세계로 나아가도록 무의식이 관념을 통하여 신호를 보내는 현상으로 설명하고 있는 것으로 보인다.

    우리의 무의식이 의식적인 부분의 자아보다 '전체 세계'에 대

---

[73] C.G. Jung, Answer to Job, The Collected Works, vol. 11. p.386. ; 전철, "칼 구스타프 융의 동시성 이론과 그 의미", 한신 29(한신대학교, 1999), pp.152-163, http://theology.co.kr/article/syn.html에 게재된 논문 중 3. 동시성 현상의 세 가지 유형과 그 사례의 유형 인용 전재.

한 통찰력이 넓고 크다는 부분은 설득력이 있다. 마트에서 양파, 배추, 수박을 고를 때 우리의 의식처럼 우리라는 존재는 의식을 사용하여 어떤 대상에 집중을 할 때는 그 인식의 범위는 매우 제한 될 수밖에 없다. 그러므로 우리의 의식이 인식하는 합리성의 세계는 전체적인 것이 아니고 부분적인 인식일 수밖에 없다. 그러나 무의식의 경우는 의식의 경우와 다르다. 무의식이란 우리의 정신적이고 관념적 부분이 감각기관과 두뇌와 몸의 속박에서 최대한 느슨해 졌을 때 가지고 있는 정보와 능력이기 때문에, 의식에 비하여 인식하는 범위는 차원을 달리하여 넓고 근원적이다. 그러므로 무의식과 동시성의 개념을 통하여 현실세계에서는 인과관계를 인식할 수 없는 문제들이 우리의 의식세계를 넘어서는 근원적 차원에서 서로 연결되어 있다는 주장은 공감할 수 있다. 그러므로, 우리는 의식이 아니라 무의식을 통하여 보다 넓은 세계에 다가갈 수 있으며, 의식작용을 넘어서는 곳에서 진짜 우주의 모습을 볼 수 있게 된다. 즉, 분명한 것은 속박되고 제한되는 의식의 작용으로는 전체적 세상의 모습을 경험하거나 다가가기 어렵다는 것이다. 속박되지 않고 제한되지 않고 절대적인 전체의 세계와 소통하려면 우리는 무의식을 통할 수밖에 없음을 인정하지 않을 수 없는 것이다.

  무의식이 우주의 근원적 연결과 맞닿아 있고, 인과관계를 인식하기 어려운 동시적 사건을 통하여 우리에게 모습을 드러낸다고 한다면, 우리는 언제나 주의 깊게 우연처럼 보이는 사건들에 대하여 우리의 인식과 지성을 집중하여야 한다.

  이러한 동시적 사건을 포함하여 미래의 일의 조짐이 되는 사건을 동양에서는 '낌새(幾)'라고 하였다. 공자는 계사전에서 다음과 같이 말하였다.

"…무릇 역(易)이란 것은 성인이 지극히 깊이 낌새(幾)를 연구한 것이다. 오직 깊어야 천하의 뜻에 통할 수 있으며, 오직 낌새를 연구하여야 만이 타고난 책무를 다할 수 있다. 오직 신(神)[74]을 연구함으로써 만이 빠르지 않아도 신속할 수 있고, 가지 않아도 도착할 수 있는 것이다. 공자가 말하길 역(易)에는 성인의 네 가지 사용법이 있다고 하였는데, 이를 말하는 것이다"[75]

이러한 점은 융과 다른 학자들도 인식하였던 것으로 보인다. 주역점과 관련해서 칼융의 동시성 개념은 리하르트빌헬름의 "I-Ching or book of changes" 독일어 번역본의 서문에서 발표되었다. 이 서문에서 융은 본인이 직접 점을 친 결과를 예시하며 그 내용을 동시성 원리에 입각하여 역괘의 인과성에 관한 의미를 분석하고 있다. 융이 얻은 점괘는 정(鼎)괘였다. 그는 이 괘상을 통해서 "정신적 자양(spiritual nourishment)"의 이미지를 얻었다고 했다. 융은 이 괘를 얻는 과정이 바로 주관적 요소와 객관적 요소가 동시에 발생하는 '우연의 일치' 현상이며, 주역의 이런 점산(占算)과정에서 동시성 원리를 입증하는 논거를 확인할 수 있다고 주장[76]하였다.

무의식이 개인의 의식세계에 자신을 수시로 드러낸다는 융의 생각은 불교의 업(業) 사상과 매우 닮아 있다는 느낌이 든다. 융의

---

[74] 서양에서 말하는 인격적인 신이 아니라, 만물의 낌새를 발하는 신묘한 부분을 신(神)으로 표현하는 것으로 해석된다.
[75] …夫易, 聖人之所以極深而硏幾也, 唯深也, 故能通天下之志。唯幾也, 故能成天下之務。唯神也, 故不疾而速, 不行而至。子曰, 易有聖人之道四焉者, 此之謂也。
[76] 박영우 "점(占): 우연 사태 속의 철학적 의제" 범한철학논문집 제79집 2015년 겨울 98쪽 인용.

주장을 보고 있자면 개인은 타고난 무의식적 업에 따라 자신의 선택과 행위를 억압하거나 드러내며 주어진 운명의 수레바퀴를 따라 걸어가는 것은 아닐까 라는 생각이 들지 않을 수 없다.

소강절 선생의 작괘법 중에는 문자점이라는 것이 있다. 점을 치러 온 사람에게 아무 것이나 써 보라고 하여, 문점자(問占者)가 쓰는 글이나 단어를 가지고 주역의 괘로 만드는 방법이다. 글자를 숫자로 만들고 이를 다시 괘상으로 만드는 과정이 타당성이 있는지는 의문이지만, 문점자에게 어떤 단어나 글을 떠올리게 하는 것은 문점자의 무의식의 일단을 노출하게 하는 것으로 생각된다. 일단 떠오른 생각을 글로 나타내는 것은 의식적 차원이지만, 아무것도 생각을 하지 못하고 있을 때 어떤 생각이 떠오르는 것은 무의식과 가깝다고 생각이 된다.

어쨌든 무의식과 동시성에 대한 이러한 설명을 이해한다면, 꿈을 통하여 예언을 적중시키는 것, 점괘로 추단한 예측이 나중에 실제로 일어난 사실과 맞아 떨어지는 것과 같은 의식적 차원에서는 놀라운 경험이 실제로는 우주법칙에 따른 당연한 현상일 수도 있다는 생각에 이를 수 있게 된다. 그러므로 이러한 측면을 이해하는 견해에서는 점을 치는 행위가 미신이 아니라 '우연적 사태'가 가져다 준 인생의 위기를 극복하는 적극적인 노력으로 볼 수 있게 되고, 위기 해결의 실마리를 '합리성의 세계' 안에서 찾지 못할 때, 불가피하게 취하는 '유의미한 합리초월적 선택'으로 볼 수 있게 된다[77].

---

[77] 박영우 "점(占) : 우연 사태 속의 철학적 의제" 범한철학논문집 제79집 2015년 겨울 105쪽

최초 문명의 건설자인 홍산문명인들도 이러한 점들을 충분히 이해하고 있은 것으로 보인다. 이들의 역사는 곧 점(占)의 역사였다. 홍산문명의 영향을 받은 상나라를 비롯한 거의 모든 국가들은 대부분의 중요한 일을 점을 통하여서 결정하였다. 문자, 풍속, 사회제도 등등 인간생활의 중요한 부분도 거의 다 점에 의해 결정하였다.

그러나 칼융의 설명을 이해한다고 하더라도, 인간이 항상 무의식을 정확하게 사용할 수 있다는 보장이 없고, 무의식에 관하여 아직 충분히 밝혀지지 못했다는 이론적 한계가 분명히 존재하므로, 의식과 무의식을 포괄하는 인간의 전체적 모습에 대하여 좀 더 충분히 살펴 볼 필요가 있다고 생각된다. 항을 바꾸어 생각을 정리해 보겠다.

참조.

5. 인간과 무의식

인간이 가진 무의식에 대하여는 오랜 옛날부터 그 중요성이 인식되어 무의식을 이해하고 다스리기 위한 각종 명상과 수행법들이 발달되어 왔으나, 의식적이고 이성적 세계에서 서양식 학술의 대상으로 되기 시작한 것은 프로이트[78]로부터 비롯되었다.

신경과 의사였던 프로이트는 환자를 치료하는 과정에서 "무의식에 갇힌 강한 감정에너지를 풀어주는 방법"으로 치료효과를 보아서 무의식을 '억압된 감정이 축적된 인식되지 않는 영역'으로 보았다. 그러나 무의식을 이러한 내용으로만 이해를 한다면, 무의식은 감정 덩어리이고 주로 부정적인 집합물에 불과하여, 육체에 영향을 미치는 감정 덩어리의 해소라는 치료에 사용되는 유용성 외에는 크게 주목할 부분이 없다고 할 것이다.

앞에서 살펴본 칼 융은 프로이트로부터 배우고 이론의 영향을 받았으나, 무의식이 단지 해소되지 않은 감정 덩어리가 집적되는 곳이 아니라, 무의식이 이러한 측면을 포함하기는 하지만 우주를 포함한 전체 세계를 인식하는 능력 면에서 의식보다 더 뛰어나며, 우리의 자아가 협소한 세계에서 헤매지 않고 좀 더 온전하고 완전한 세계로 나아가도록 관념을 통하여 의식의 세계에 신호를 보내는 기능을 한다고 본 점에서 의식과 차원을 달리하

---

78) 지그문트 프로이트(독일 : Sigmund Freud : 1856. 5. 6~1939. 9. 23).

는 무의식 작용을 알아낸 획기적인 발견을 하였다고 생각이 된다. 특히 개인의 무의식과 그가 소속된 집단의 무의식이 대립과 조화의 작용을 하면서 개인의 삶이 온전한 인간의 방향으로 이루어지도록 하며, 이러한 집단무의식은 인류의 역사를 통하여 개인에게 전달되는 선험적인 상징들로 표현된다고 함으로써 무의식의 작용이 개인과 시간을 초월하여 확장되고 있음을 지적한 부분은 혁신적인 이론이라고 생각된다.

서양에서는 최근에서야 위와 같은 무의식 이론이 발견되었고, 계속 승계, 발전되면서 오늘날에도 정신의학 심리학의 영역에서 영향을 미치고 있지만, 동양에서는 수천 년 전부터 인간의 무의식에 대한 깊은 연구가 이루어져 왔고, 홍산문명의 유물에서도 좌선과 명상을 하는 인물상이나 옥기 등이 발견된 것으로 보아 약 1만 년 이상의 역사가 있을 것으로 추정을 할 수 있다. 그러나 오늘날 명확하게 남아 있는 것은 불교와 도교의 이론에서 찾아볼 수 있는데, 저자가 알기로는 불교의 대승기신론 만큼 인간의 마음을 잘 분석하고 설명해 놓은 이론은 잘 없는 것으로 생각된다. 학습과 경쟁에 매몰되어 있는 현대사회를 치료하기 위하여 무의식의 역할을 제시하기 위한 것이 이 책의 목적 중의 하나이므로 대승기신론을 중심으로 무의식에 대한 설명을 알아보고 다음의 이야기로 나아가고자 한다.

가. 인간의 본질

인간의 본질에 관하여는 과거부터 성선설, 성악설 등으로 논의가 있어 왔다. 무의식에 대한 탐구를 한다면 당연히 인간에 대한 가장 근본적인 논의인 인간의 본질에 대한 논의와 만나게 된다.

1) 인간의 본성에 대한 논의

사람의 본성이 선한지 여부를 두고는 알려져 있다시피, 성선설, 성악설, 백지설[79] 등의 주장이 논의되어 왔다. 인간의 본성이 원래 선하다고 보면 교육이 그렇게 중요성을 띨 필요는 없으나, 인간이 본래 선하지 않다면 교육은 사회에 무해한 사람을 만들기 위해 매우 중요한 의미를 띠므로 이러한 인간본성론은 교육학에서는 기본적으로 인식하고 입장을 정해야 하는 문제로 인식되고 있다. 그러나 지금까지 알려진 사회계약적 입장에서의 성선설, 성악설, 백지설은 사람의 본성을 충분히 설득력 있게 잘 설명하지도 않으면서 그러한 결론에 이르는 것으로 생각되어 비과학적이고, 비논리적이라는 느낌을 강하게 주고 있다. 사람의 본성에 관한 좀 더 깊은 탐구는 유학에서의 이기론과 4단칠정론, 불교에서는 대승기신론이 깊은 탐구를 보여 주고 있다.

---

[79] 성선설 : 사람의 본성이 선하다는 주장. 공자를 비롯한 대부분 유가의 입장, 서양에서는 루소의 입장.
성악설 : 사람의 본성이 악하다는 주장. 순자를 비롯한 일부 유가의 입장.
백지설 : 인간은 아무 것도 모르는 상태로 태어나므로 선하지도 악하지도 않다는 견해, 17C 영국의 사상가 론 로크(John Locke)가 대표자이다.

'4단칠정론'에서 4단은 모든 사람이 가지고 있는 선천적 도덕적 능력으로서 인의예지(仁義禮智)에서 비롯되는 마음80)을 말하고, 7정(情)81)은 사람이 외부 사물을 접하게 되면 나타나는 사람의 심리 현상을 말한다. 원래 4단과 7정은 관련이 없었으나, 후에 이기론(理氣論)이 나오면서 4단은 이(理)에서 나오고 7정은 기(氣)에서 나온다는 견해부터 이(理)가 발할 때 기(氣)가 따르는 것이 4단이고 기(氣)가 발할 때 이(理)가 따르는 것이 7정이라는 견해82) 등 다양한 견해가 주장되었다. 이러한 견해들은 결국 이(理)가 주도적으로 발하면 4단이라는 선(善)이 나오고, 기(氣)가 주도적으로 발하면 희로애락과 같은 사람의 7정이 나오므로 불선(不善)한 것이 나온다는 논의인데, 이러한 견해는 사람이 선천적으로 인의예지의 능력을 가지고 있다고 보는 점에서 성선설에 가깝지만, 결국은 사람의 마음을 이치(理)에 맞게 사용할 것을 요구하고, 7정을 이치에 맞게 사용하는 능력을 갖추어야 한다는 주장으로 귀결되므로 결국은 철학적 진리탐구와 교육 수양을 중요시하는 견해로 이어지게 되는 것으로 생각된다. 그러나 이러한 유교철학에서의 견해는 오로지 이치와 도덕적 측면만을 지나치게 중요시함으로써 현실에서 관찰되는 지식과 경험, 현상적 측면을 가벼이 여기는 경향이 있고, 지나치게 추상적이어서 구체적인 실생활을 이러한 추상적 논의에 기대어 이해하고 해결하려고 하면 충분히 유용하지 못한 측면이 있다는 문제점이 있다.

---

80) 4단 : 측은지심(惻隱之心)・수오지심(羞惡之心)・사양지심(辭讓之心)・시비지심(是非之心) 네 가지 마음.
81) 7정(情) 희(喜)・노(怒)・애(哀)・구(懼)・애(愛)・오(惡)・욕(欲)의 일곱 가지 감정.
82) 퇴계 이황의 견해이다(四端理發而氣隨之七情氣發而理乘之).

2) 인간의 본질

불교에서는 인간의 본질에 대하여 더 이상 탐구할 여지를 남기지 않는 궁극적인 탐구를 시도해 왔다. 이른바 해탈의 경지이다. 인간의 본질 내지는 본성에 대하여 궁극적인 탐구를 추구한 결과 인간의 몸과 마음도 모두 극복해 버려서 통상적 관점에서 더 이상 인간으로 볼 수 없는 경지까지 가버린 궁극의 상태에 이른 부분을 불교에서는 진여(眞如)로 표현을 하였다. 진여는 부처의 속성이 저장된 부분이란 의미에서 여래장(如來藏)이라고도 부른다. 진여(眞如)란 궁극적인 존재의 실체로서 앞에서 나는 것도 아니고 뒤에 멸하는 것도 아니며, 자성청정심(自性淸淨心)으로서 최고의 지혜광명이 들어 있어서 모든 존재에 두루 비치며, 불가사의한 모든 법을 두루 갖추고 있다고 한다. 일체법계[83]에 존재하는 유일한 실체이며, 진여 이외의 존재는 자체적 실체(=自性)가 없으며 인연화합(연기 : 緣起)으로 일시적으로 존재하는 것에 불과한 것으로 본다. 일체의 법(=진여)은 본래부터 색도 아니요 심(心)도 아니며, 지(智)도 아니요, 식(識)도 아니며, 유(有)도 아니요 무(無)도 아니어서 필경에 그 모양을 말할 수 없다고 한다. 모든 존재는 진여에 의지해 인연에 따라 생긴 것이어서 진여는 차별이 없으나 밝지 못함(無明)에 물들고 오염되어 갖가지 차별상이 드러난다고 한다[84].

---

[83] 인간의 의식의 대상이 되는 모든 사물, 또는 현상세계 일체를 말한다.
[84] 진여의 자성(自性)에 대한 표현으로는 "진여의 자성은 모습이 있는 것도 아니며 모습이 없는 것도 아니다. 모습이 있지 않은 것도 아니요 모습이 없지 않은 것도 아니며, 있거나 없음을 함께 갖춘 모습도 아니다. 같은 모습도 아니요 다른 모습도 아니다. 같은 모습이 아닌 것도 아니요 다른 모습이 아닌 것도 아니며, 같거나 다름을 함께 갖춘 것도 아니다"라고 한다(불교기록문화유산 아카이브, 대승기신론 제9.장 인용).

나. 무의식의 구조

불학(佛學)에서 말하는 무의식의 구조는 아래와 같다.

① 알라야식[85]의 발생

위와 같은 진여(眞如)를 바르게 알지 못하는 것을 무명(無明)이라 하는데, 이로 인하여 인간은 잘못된 의견이나 집착을 가지게 되며, 바르지 않은 사유가 일어나서 어리석음에 사로잡히게 된다. 이를 번뇌라고도 한다. 알라야식에는 마치 컴퓨터의 시스템 이벤트 로그 기록처럼 생명체의 모든 활동이 기록되는데, 이렇게 알라야식에 기록된 망념 망동들을 모두 합쳐서 무명이라고 부른다. 이렇게 기억된 무명은 다시 원인이 되어 인과법칙에 따른 결과를 일으키는 종자가 되기 때문에 알라야식을 종자식(種子識)이라고도 부른다. 이러한 번뇌도 생명체와 마찬가지로 태어나고 머물다가 떠나가고 없어지는 단계를 거치는데, 이를 번뇌의 생주이멸(生住異滅)이라 한다. 이러한 생주이멸을 차례로 거슬러 번뇌를 모두 소멸하면 마음의 근원에 도달하여 진여가 나타나게 되는데 이를 구경각이라 한다. 번뇌에는 크게 3가지의 미세한 번뇌와 6가지의 거친 번뇌가 있다.

무명(無明)은 진여의 지혜를 보는 것에 장애를 일으키기 때문에 진여에 의지하여 알라야식을 생성한다. 즉, 무명이 다시 알라야식을 생성하는 것이다. 알라야식은 다시 무명을 물들이고 무명은 다시 진여를 장애하게 하여 업식을 만들어 낸다. 진여가 밝음

---

[85] 아뢰야식이라고도 함.

을 잃으므로 변해서 업식이 된 것이다. 이러한 업식은 보고, 나타내고, 인식대상을 취하고, 분별하는 주체를 만들게 되는데 이를 의(意)라고 한다. 즉, 업식이 의(意)를 만드는 것이다. 알라야식은 제8식이라고도 하며 진심(眞心)과 망심(妄心)의 화합체이다. 즉, 생멸하지 않는 것(진여)이 생멸하는 것(무명)과 화합해서 동일하지도 않고 다르지도 않은 것이 된 것이며 아뢰야식(阿賴耶識)이라 한다. 모든 인간의 진여는 차별이 없이 평등하나, 무명의 물들임으로 인해 알라야식이 생기면서 한량없는 차별이 일어난다. 알라야식에는 3가지 미세한 번뇌가 속한다. 3가지 미세한 번뇌란 무명업상, 능견상, 경계상의 3가지이다. 이 3가지 번뇌를 3세(三細) 또는 근본무명이라고도 한다.

(a) **무명업상** : 진여를 쓰기 어렵게 하는 무명이 활동하는 상태를 무명업상이라고 한다. 즉, 진여(眞如)가 무명(無明)에 의하여 처음 일어나는 것을 말한다. 업식(業識)은 가장 미세하여 모든 식(識)의 근본이 되므로 의(意)라고도 하는데 아직 주관과 객관이 나누어지지 않은 상태이다. 업식을 소멸하면 자연히 진여(眞如)의 작용에 의해 일체지혜의 씨앗을 얻게 된다고 한다.

(b) **능견상** : 무명업상에 의해서 업(業)이 일어나면 주관과 객관이 대립되는데, 그 중 주관적인 부분을 능견상이라고하며 전상(轉相)이라고도 한다. 이러한 마음의 상태를 전식(轉識)이라고 한다. 즉, 업식에 의하여 전식이 만들어지는 것이다.

(c) **경계상**(인식대상) : 무명업상에 의해서 업(業)이 일어나면 주관과 객관이 대립되게 되는데, 그 중 객관적인 부분을 경계상(=인

식대상)이라고 한다. 즉, 진여 본성에서 멀어진 마음의 거울에 허망한 현상계가 나타나는 것이다. 이 단계에서 작용하는 의(意)의 상태를 현식(現識)이라고 한다. 현식(現識)이라고 하는 이유는 거울은 물체가 있어야 그 물체를 비출 수 있듯이 마음은 스스로 대상을 비출 수 없고 대상이 나타나야 마음에 비출 수 있기 때문이다.

상기와 같이 무명에 의해 의(意)와 식(識)과 인식대상이 나타난다는 것은 얼핏 이해하기 어려운 부분일 수 있으나, 최근 양자역학의 발달로 우주의 최소 단위가 물질이 아니라 정보임이 밝혀지고 있고, 시공간과 물질은 이러한 양자정보들의 양자얽힘으로 발생하는 것이며, 우리의 관념이나 인식 또한 정보로서 이러한 양자정보와 얽히어 있음이 서서히 드러나고 있다[86]. 즉, 우리의 알라야식이 가진 정보가 양자정보와 상호작용을 하여서 인식주체인 존재들과 우주의 시공간을 창조하는 현상이 드러나면서 위와 같은 알라야식의 구조가 과학적으로도 타당함이 서서히 드러나고 있다. 이러한 관점에서 보면, 우리가 사는 객관적인 세상이라는 것은 단일한 정보 얽힘 네트워크이며, 그 본질이 우리가 짓는 무명업상에 의해 만들어지는 일시적 환상에 불과하게 된다. 일체유심조(一切唯心造)인 것이다.

② **여섯 가지 거친 번뇌**(육추 六麤)

경계상에 의해서 제7식인 지상(智相)과 상속상, 집취상, 계명자

---

[86] 인식주체의 관찰이 빛의 양자정보와 얽히는 현상은 양자물리학의 이중슬릿실험에서 간섭무늬의 사라짐으로 입증되었다.

상, 기업상이 생기며, 이러한 5가지의 과보로 업계고상(業繫苦相)이 생긴다. 이러한 6가지의 거친 번뇌를 근본무명에서 나뭇가지처럼 갈려져 나온다고 하여 지말무명(枝末無明)이라고도 한다. 이러한 6가지의 거친 번뇌는 마음을 물들여서 그 물든 바에 따라서 마음이 분별하는 각성을 일으키는 원인이 된다. 살펴보면 아래와 같다.

(a) **지상(智相)** : 경계상에 의해 마음의 표층에서 가장 먼저 일어나는 상(相, 모양)을 말하며, 말나식 또는 마나식이라고도 한다. 항상 멈춤 없이 찾고 생각하는 의식이며, "나"라는 관념을 만들어 내고 집착하는 의식이다. 나라는 관념을 만들어서 집착하므로 좋고 싫음, 사랑함과 미워함의 차별심을 일으킨다. 의(意)가 이러한 상태에 이른 것을 지식(智識)이라고 한다. 인간은 말나식을 가지고 있으면서 이러한 망념에 빠져 항상 나를 중심으로 의식과 모든 행동을 관찰하고 집착하고 통제하므로 진리를 객관적으로 인식하지 못하고 나를 중심으로 곡해하게 되어 결코 진리를 인식하지 못하는 상태에 머물게 된다.

(b) **생기식(生起識)_식(識)이 일어남** : '나'라는 관념이 생겨나고 좋아하거나 미워하는 차별심이 일어나면 (1) 상속상 (2) 집취상 (3) 계명자상 (4) 기업상의 식(識)이 나타난다.

(1) **상속상(持續相)**

인식대상의 좋고 싫음을 분별하여 좋아하고 싫어하는 마음이 끊이지 않고 반복되는 모양을 말한다. 좋아함에 집착하므로 과거의 행위를 기억하여 끌어오고 집착하므로, 미래에서의 씨앗이 되어 과보를 받게 한다. 이미 지난 일을 홀연히 기억하게 하고, 아직 일어나지 않은 일들도 공연히 분별하게 한다. 이러한 마음의 움직임은 모두 무명(無明)에 의해 일어나는 것으로서 본래의 마음은 움직이는 성질이 없으므로 무명이 없어지면 상속하는 마음 또한 없어진다고 한다. 이러한 마음상태를 상속식(相續識)이라 한다.

(2) **집취상**(執取相)
상속상에 의해 일어나는 고락(苦樂)을 판별하여 받아들이고, 인식대상을 따라 들어가서 즐거움과 괴로움에 머물며 집착을 일으키는 모양을 말한다.

(3) **계명자상**(計名字相)[87]
일시적이고 허망한 인식대상을 받아들이고 추구하고 연구하여 이름뿐인 언어 문자를 실제로 그렇다고 분별하는 모양을 말한다. 즉, 허망한 인식대상들에 대해 임시로 이름·언설을 붙이고 그들이 마치 마음 밖에 실재하고 있는 것처럼 잘못 생각하여 더욱 집착의 생각을 크게 하는 것을 말한다. 아마 전기 비트겐슈타인의 철학이 이러한 전형적인 사례가 아닌가 생각된다. 명문대학만 찾아서 적성과도 맞지 않는 학과를 스스로 찾아가는 것과 같은 마음이라 할 수 있다. 학교에서 진실된 앎을 전달하지 못하고, 이름과 개념만으로 학생들을 가르쳐서

---

87) =집명등상(執名等相).

별다른 실체에 대한 지식도 없이 아는 것과 같은 착각을 일으키게 하는 것도 고통의 인(因)을 심어 주는 행위가 될 수 있다고 할 것이다.

(4) **기업상**(起業相)

세상의 모든 대상이 이름에 의해 인지되고, 이러한 이름과 그 이미지에 따라서 생각과 헤아림을 일으켜 선악을 만들어 내는 현상을 일컬어 '업을 일으키는 모양'이란 뜻에서 기업상이라 한다.

(c) **업계고상**(業繫苦相) : 스스로 짓는 선악의 업에 의하여 고통 또는 즐거움의 과보를 받아서 고통을 받는 것을 '업에 얽히어 고통을 받는 모양'이란 의미에서 업계고상이라 한다.

③ 물듦과 육진(六塵)

위와 같은 진여(眞如)와 3세(三細) 6추(六麤)의 무명은 향기나 냄새가 스며들듯이 끝없이 무의식의 바닥에서 우리의 의식에 영향을 미치는데, 진여는 생사의 고통을 싫어하게 하고 진리를 추구하게 마음에 영향을 주며, 3세(三細) 6추(六麤)의 무명은 미혹된 사견(邪見)과 애착을 일으키고[88], 이름과 형상에 집착하게 하며[89], 끝없이 생사의 고통을 겪게 하며[90], 모든 현상이 오직 마음의 작용이라는 것을 모르고 바깥의 인식대상들이 실재한다고 생각하여 더

---

88) 소기견애(所起見愛)훈습.
89) 망심훈습.
90) 업식근본훈습.

욱 분별과 집착의 업을 지으며[91], 객관적 현상을 실체로 알고 집착하게 한다[92]고 한다.

④ 소결

위에서 살펴본 바와 같이 칼융 등 서양에서 무의식이라고 부르는 영역에는 진여와 말나식과 알라야식 6식 등이 엉키어 있고, 그 가운데는 3세 6추의 무명과 다양한 심리작용이 실타래처럼 엉키어 있는 것을 살펴볼 수 있다. 그리고 일체의 인식대상에 대하여 두루 통하고 비추는 능력은 인간의 본질적 부분인 진여의 본질적 작용임을 알 수가 있다. 이러한 진여의 작용은 모든 사람과 사물에 두루 통하는 것이므로, 이러한 진여의 일부 작용을 포착하여 집단무의식과 개인의 무의식 그리고 완성된 삶을 향한 개인의 의지 등으로 설명한 칼융의 통찰은 꽤나 의미가 있는 것으로 평가할 수 있다고 생각된다.

그러나 설명하였다시피 마음의 본질인 진여의 작용은 3세 6추의 무명이 있으면 발휘되기 어려운 것이므로, 각 개인의 무의식이 칼융이 말한 대로 우주를 포함한 전체세계를 인식하는 능력 면에서 의식보다 더 뛰어나고, 우리의 자아가 협소한 세계에서 헤매이지 않고 좀 더 온전하고 완전한 세계로 나아가도록 관념을 통하여 신호를 보내는 작용을 잘하려면, 우리의 마음에서 3세 6추의 무명에 의한 가리워짐을 줄여나가는 부단한 공부와 수양이 있어야 하고 그러한 노력이 일정한 수준 이상의 결과가 있어

---

91) 증장분별사식(增長分別事識)훈습.
92) 망경계훈습 : 법집분별념(法執分別念)과 증장취(增長取)훈습이 있다.

야 한다고 생각된다. 그렇기 때문에 홍산문명과 같은 사회에서도 점을 치는 것과 같은 인간의 무의식을 사용하는 일은 고도의 지식을 갖추고 훈련을 거쳐 무의식을 계발한 전문화된 계급의 제사장 집단에게 맡겨졌을 것으로 생각된다. 앞서 소개한 홍산문명의 천지인 제단이 그 증거로 생각된다.

그리고 무의식의 가장 큰 특징은 인간의 본질인 진여가 작용하는 근원적 영역이라는 점이다. 비록 업식의 작용에 의해 각 개인에게 천차만별로 나타나지만, 진여는 진리를 발현하는 불가사의하고 무한한 힘을 가지고 있다. 이러한 진여의 작용을 유교에서는 원형이정(인의예지)으로 설명한 듯하고, 도교에서는 도(道)라고 설명한 듯하지만, 성선설의 근원이 되며, 인간의 도덕성이 나오는 원천이란 점에서 무의식의 계발은 인간성 자체의 개발과 동일한 의미를 가지고 있다고 보인다. 프로이트가 의식에 의해 억압된 감정의 덩어리를 무의식으로 보고 이러한 감정의 해소 원리를 신경증 치료에 이용한 것도, 인간의 내심의 바탕에 저장된 진여 도덕성의 작용과 무명간의 충돌 현상의 일단을 설명한 것이라 생각된다.

다. 의식의 구조와 한국사회

1) 의식의 구조

알라야식과 말나식에 의해 형성된 의(意)를 표출할 통로로서 인간은 안(眼), 이(耳), 비(鼻), 설(舌), 신(身), 의(意)93)의 6가지 감각기관을 가지게 된다. 이러한 식(識)과 감각을 가지게 되면94) "나"라는 것에 집착하여 갖가지로 6가지 감각기관에 나타나는 인식대상을 취하게 되는데, 사물을 분별해 알기 때문에 분별사식(分別事識)이라고도 하고 분리식(分離識)이라고도 한다. 우리가 일상에서 의식(意識)이라고 말하는 존재이다. 존재가 분별사식과 업식에 의지하므로 인과응보가 분명히 나타난다.

이러한 감각기관에 의해 인식되는 색깔(色), 소리(聲), 향기(香), 맛(味), 촉감(觸), 법칙(法) 등의 현상은 심성을 더럽히는 먼지나 티끌에 비유하여 '6가지 티끌'이라는 의미에서 육진(六塵)이라고 한다. 이러한 인식기관들에 의해 만들어지는 견해라는 것은, 진여가 무명에 의해 오염되어 망념을 일으켜서 일체대상을 두루 비추는 능력이 가리워져 나타난 것이므로, 어떤 인식대상에 대하여 마음에 움직임이 있으면 참으로 아는 것이 아니라고 한다. 마음이 움직여 생긴 견해들은 참으로 아는 것이 아니므로, 자성(自性)이 없는 것이고, 항상된 것도 아니며, 진정한 즐거움도 아니고, 나(我)도 아니며, 맑은 것도 아니다 라고 한다95).

서양의 심리이론에서는 자아라는 것이 본능적 욕구와 도덕적 통제 사이에서 개인을 지배하는 '이성적 심리'를 지칭하는 존재로

---

93) 여기서 말하는 의(意)는 현실적인 두뇌작용으로서의 의식을 말하고, 아뢰야식 내부에서 형성된 의(意)와는 다르다. 아뢰야식 내부에서 형성된 의(意)는 의식의 배후에 존재하여 밖으로 인식하응 의식의 작용에서는 포착하기 어렵다고 하며, 심안이 열려야 포착할 수 있다고 한다(대승기신론 강의 44, 송광사 강주스님 불교신문, 2002. 02. 15 참고).
94) 6가지 감각기관을 각각 하나의 식(識)으로 보아 6식(識)이라고 하고 제7식 말나식과 제8식 알라야식을 합하여 인간의 의식은 8식(識)으로 이루어져 있다고 본다.
95) 서정형, 마명 대승기신론, 2005년, 서울대학교 철학사상연구소 「철학사상」 별책 5권 48쪽 참조.

규정지어지고 있는데, 불교에서는 이러한 "나"라는 존재는 망념에 의해 만들어진 일시적인 존재에 불과한 것으로 본다. 인간의 의식적 측면은 분별력을 쓰는 이성적인 측면이라 할 수 있는데, 데이터나 정보를 수집하고 해석하고 처리하는 계산능력이 그 본질이다. 우리가 학습을 하고 연구를 하는 모든 의식적 과정은 일련의 계산과정이라고 볼 수 있다. 그러므로 인간의 의식적 측면이란 감각기관을 통한 데이터의 습득과 해석, 처리, 비교, 판단 등 일련을 과정을 포함하는 논리과정이다. 비유하자면 인간의 의식이란 센서를 갖춘 컴퓨터적인 계산작용이라 할 수 있다. 컴퓨터의 특징은 그 자체적으로는 선악을 구별하지 못한다는 것이다. 인간의 의식적 측면도 그렇다. 인간의 의식적 측면은 선악을 잘 구별하지 못한다. 예컨데 인간은 학습을 통하여 "남의 물건을 훔치면 안된다"고 하는 명제를 의식적 측면은 잘 알고 있다. 그러나 인간의 의식적 측면은 그럼에도 불구하고 계산하여 훔칠 것인지를 결정하는 이익계산능력을 본질로 한다. 타인의 물건을 훔침으로써 양심의 가책을 느낀다든가 이러한 행동을 이익의 계산과 상관없이 강력하게 금지하려는 충동은 무의식에서 신호를 넘겨 줄 때에만 인간의 의식은 이를 반영한다고 생각된다. 그러므로 학력이 좋거나 머리가 좋다고 하여도 이는 인간의 의식적 부분을 반영하는 특징일 뿐으로서 도덕적으로 양호할 가능성에는 거의 아무런 징표도 되지 못하며, 일부 전체주의자들이나 페미니스트들처럼 의식측면이 과잉으로 계발되어 오히려 주변을 배려하지 않거나 비도덕적일 가능성이 더 높을 수도 있다.

2) 의식과 학습

인간 의식의 특징은 계산능력과 선악에 대한 구별능력의 부족이라고 하였는데, 여기에 꼭 덧붙여야 하는 의식의 특징이 하나 더 있는데, 그것은 인간의 의식활동은 거의 대부분 망념(妄念)의 작용으로서 그 활동이 활발할수록 진여로부터 멀어지게 하고, 새로운 업식을 증착시키는 기능을 갖는다는 점이다. 그러므로 의식적 학습을 통하여 능력을 계발하여 계산능력 연구능력이 높아져서 무의식의 작용이 크게 억압되면 오히려 진리와 도덕성에서 멀어지고 유리될 위험성도 높아질 가능성이 있다는 것이다(언제나 그렇다는 것은 아니다). 유명한 선승인 성철스님은 공부하는 선승들에게 당부한 주요한 말이 "책을 읽지 말라"는 것이었는데, 일부 이해가 될 수 있는 부분이 있다. 이는 사람의 정신활동에서 망념의 의식작용이 더욱 늘어나서 주도적으로 되기 때문으로 생각된다.

무의식에서 나오는 진여의 도덕성이 계발될수록 사회는 통합되나, 망념의 의식활동이 활발할수록 분열되고 대립하게 된다. 주역의 천화동인(天火同人)의 괘상은 도덕성에 의해 사람들이 통합되는 원리를 나타내며, 지화명이(地火明夷)는 의식활동이 도덕성과 유리될 경우의 원리를 상징으로 나타내고 있다. 이러한 위험이 현실화 한 곳이 한국사회가 아닌가 생각된다. 한국사회는 공교육으로 대표되는 학습과잉 의식과잉의 사회이다. 그리고 그 학습내용의 거의 전부는 데이터의 량 내지는 정보량이고 사회는 이러한 데이터와 정보량을 얼마나 가지고 있고 사용할 수 있느냐의 경쟁으로 구축되고 운영되고 있다. 사회는 오직 계명자상과 기업상을 일으키는 의식적 부분의 계발에만 몰두하고, 치열한 의식개발경쟁이 극에 달하고 있다. 그러므로 한국사회의 특징은 무의식에 대비하여 의식과잉 상태인 다수 대중의 존재와 계산능력에 특화된 엘리트층의 도덕성 부재를 특징으로 한다고 생각된다. 마침 이 글을 쓰는 도중에 3번째의 대통령 탄핵사태가 생겨서, 우리 사회 엘리트들의 적나라한 모습을 더욱 잘 볼 수 있었다. 또한 가짜뉴스 편파보도 왜곡보도 등 자아가 생겨버린 대중 언론들의 타락한 보도는 우리 사회에 정직이나 공익, 지혜 등의 도덕적 덕목이 거의 존재하지 않는 사회임을 여실히 드러내 보였다고 생각된다. 마침 오늘 아래와 같은 기사도 눈에 띈다.

해외야구 > 기사

"국적 일본으로 바꿨다" 장훈 "한국은 은혜도, 의리도 잊어버려"

OSEN 임문   기사전송 2024-12-31 10:21   최종수정 2024-12-31 13:29   [96)

"한국은 은혜도 의리도 잊어버려"
…84세의 유명인사인 제일동포가 수십 년간 한국을 겪고 한국 국적을 버리면서까지 한 말이라서 신문의 제목이 마치 우리 사회의 현실을 말하는 듯하다.

라. 무의식의 계발과 삶

의식과 무의식의 관계에 대해서는 아직 사회적으로 충분히 공

---

96) Osen 2024. 12. 31 위 제목 백종인 기자의 기사
   (https://www.osen.co.kr/article/G1112481180).

감되는 결론이 있는 것 같지는 않지만, 앞에서 살펴본 것처럼 인간의 의식이란 무의식에 저장된 업식이 만들어낸 기관이고 업식을 포함하는 무의식이 그 작용력을 분출하기 위한 통로에 불과하다. 그러므로 의식은 무의식에 절대적으로 종속된 것으로 생각된다. 의식이 그 활동을 통하여 무의식에 영향을 미칠 수는 있지만, 대단히 의식적이고 체계적인 노력과 수양을 통하여서만 가능하고 모든 인간이 가진 말나식 때문에 일반적인 인간의 생활을 통하여서는 무의식을 변화시키는 것은 거의 불가능하다. 이러한 사실을 확인하기 위하여 하나의 사례를 생각해 보면, 사람을 만났을 때 "안녕하세요"라고 인사를 하여야 한다는 하나의 지식이 있다고 가정하고 이를 100명에게 시켜 보면, 그 인사하는 방법과 느낌은 모두 각기 다르다. 지식의 내용은 단 하나의 인사법임에도 그 발현형태나 느낌을 다르게 만드는 것은 각자가 가지고 있는 무의식의 작용 때문이다. 의식이나 지식으로는 무의식을 변화시키기는 어렵다.

 무의식의 특징은, 망념에 의해 지배되며 협소하기 그지없는 의식의 능력범위를 초월하여 개인이 "좀 더 온전하고 완전한 세계로 나아가도록 관념을 통하여 신호를 보내는 작용"을 한다는 점이다. 진여(眞如)나 선업의 작용일 것이다. 그러므로 개인이 인생을 좀 더 완전하게 살아가기 위한 능력을 갖추려면 무의식을 계발하여야 하는 점은 너무나 명확하다.

 그런데, 무의식은 수학, 법학, 경제학 등과 같은 인식영역의 기술지식을 통하여는 일반적으로 계발되기 어렵다. 아직 이 분야에 대한 연구가 별로 없어서 무의식 계발에 대하여 효과적으로 알기는 어려우나, 무의식 개발에 특화된 지식의 학습과 수양과 수행을 통하여 의식의 범위를 무의식의 방향으로 확장하여 무의식의 깊은 능력을 삶에 활용하려는 노력의 일단에 대해서는 살펴볼 필요가 있다고 생각된다. 아래는 수행을 통하여 의식의 범위를 무의식의 영역으로 끊임없이 확장하는 단계들의 구별이다.

(1) 범부각(凡夫覺)

의식에서 분별심이 끊임이 없이 일어나지만, 먼저 떠오른 생각이 소멸하고 또 다른 생각이 일어나서 생각으로 업을 짓는 것을 보고, 생각의 사라짐을 알아서 그릇된 생각을 끊어 뒤에 다시 일어나지 않게 할 수 있는 단계를 말하는데, 일반적인 사람들 수준의 깨우침이라는 의미에서 범부의 깨달음, 즉, 범부각이라 한다. 일반적인 정도의 사람은 먼저의 생각에서 악이 일어난 것을 알기 때문에 그 뒤에 일어나는 생각을 그치게 하여 악한 생각이 일어나지 않게 하는 것을 말하는데, 깨달음이라고 이름은 붙였지만 깨달음의 단계는 아니다 라고 한다.

(2) 상사각(相似覺)

생각있음과 생각없음의 본체와 작용이 다른 것을 깨우쳐서 의식에서 거칠게 분별하는 집착을 버린 상태를 상사각이라 한다. 탐욕, 성냄, 무지, 게으름, 의심, 견해(貪, 瞋, 痴, 慢, 疑, 見) 등이 사라지고, 생각이 생겨나고 변천 소멸함의 바탕을 알아서 자아의 실체가 없음을 깨달은 단계를 말한다고 한다. 거친 것들은 마음에서 제거가 되었으나 미세한 무명은 아직 제거되지 않은 상태이므로, 진정한 깨달음이 아니라 깨달음과 비슷한 경지라는 의미에서 상사각이라 이름한다.

(3) **수분각**(隨分覺)

생각함과 생각 없음이 모두 모양이 없음을 깨달아서, 분별하여 거친 생각을 일으키는 것을 버려서 마음의 체(體)가 진여의 무분별지(無分別智)와 상응하여 마음의 주상(住相)97)에서 깨어난 상태(중품의 분별을 버린 것)에 이른 것을 수분각이라 한다. 비록 진여의 경지를 얻기는 하였으나 다음에 말할 구경각이 아니므로 수분각이라 한다.

(4) **구경각**(究竟覺)

번뇌가 일어나고 머물고 떠나고 소멸하는 제 과정을 거슬러 모두 소멸하여 마음의 근원에 도달한 상태를 말한다고 하는데, 3세 6추를 모두 제거한 경지를 말한다. 그러나 이 경지에서도 의식을 다 알 수는 없고, 오직 여래98)만이 이러한 의식을 다 알 수 있다고 한다.

상기와 같이 수양을 통하여 무의식의 뿌리를 향하여 인식을 확장해 나가는 과정에서 각 개인이 처한 의식의 현실은 무궁하게 다양할 것이나, 이러한 무의식이 계발되지 않고서는 지식과 경쟁만이 불꽃처럼 강조되는 현대사회에서 관계가 황폐화된 인간의 삶이 개선되는 것은 어렵다고 생각된다. 인류 최초 문명을

---

97) 만물이 일시적으로 현재의 상태에 잠시 안주해 있는 것.
98) 진여(眞如)에서 오는 자란 뜻에서 여래(如來)라는 명칭이 되었다.

포함하여 지구에서 일어난 대부분의 문명들은 의식과 지식을 발달시키는 것과 동시에 이러한 무의식을 크게 사용하여 온 것으로 보이며 앞서 살펴본 홍산문명의 제천단, 명상을 하는 옥기, 인간상, 팔괘 등의 유물들은 이러한 점을 보여주고 있다. 홍산문명과 그 뒤를 이은 대제국들은 모두 이러한 무의식의 계발과 사용을 통해 고도의 정신문명을 이루며 위대한 문화를 창조 계승하여 왔다.

그러나 한민족은 조선 이씨 왕조를 거치면서 극도의 억압에 의해 능력을 잃었고, 식민지 시대를 거치면서 정신을 잃었고, 개발시대를 거치면서 심성을 잃었고, 현재에서는 불꽃같은 경쟁과 대립이 언제든지 번개를 일으키는 위기의 사회 속에서 살아가고 있다고 생각된다. 자살률 세계 최고의 불꽃 사회가 되어 버린 것이다.

이러한 현실을 개선하는 가장 요긴한 방법은 홍산문명이나 이를 승계한 그 이후의 자주적 국가들처럼 인간의 의식과 함께 무의식을 함께 계발하여 사용하는 것이라 생각된다. 무의식은 진여가 숨어 있는 곳으로서 인간 지혜의 창고이다. 의식영역의 교육을 받고 기술정보를 습득하여도 이러한 활동만으로는 괴로움에 고통받지 않는 행복한 인생을 만들어가기 어렵다. 오직 무의식의 계발이 함께 이루어져야 보다 차원 높은 곳으로 향하는 창조가 이루어질 수 있다.

마. 데카르트[99]의 오류

근대 철학의 아버지, 합리주의 창시자로 불리는 데카르트는 철학의 굳은 기초를 확립하기 위하여 모든 것을 의심하는 방법으로 결코 의심할 수 없는 것을 찾으려 하였다. 그는 이러한 과정 속에서 그러한 의심을 하고 있는 자신이 있다는 사실에 주목하여 "나는 생각한다. 고로 존재한다(Cogito, ergo sum)"라는 유명한 명제를 확립하고 이를 철학의 기초로 삼았다. 경험은 우리의 감각이 오류를 일으키거나 환각으로 잘못 인식될 수 있지만, 불변의 진리는 관념적인 추리를 통해 도달할 수 있으며, 참된 지식은 가능한 의심을 모두 넘어선 것으로 보았던 것이다. 수학자였던 그는 마치 수학의 공리처럼 이를 철학의 기본명제로 삼았던 것으로 보인다.

그러나 컴퓨터와 AI[100]가 등장한 지금에는 데카르트의 이러한 생각도 재검토될 필요가 생겼다. AI라는 기계는 생각하는 기계라고 볼 수 있는데, AI는 생각을 하고 있는데도 거기에는 '나'라는 것을 찾을 수가 없다. 여기서 생각이 무엇인지도 정의할 필요가 있다. 생각이란 사물을 인식하고 비교하거나 연관시키고 추론하고 판단하는 활동을 말한다고 할 수 있다. 그런데, AI는 사물을 인식하고 추론하고 판단하고 말을 하고 심지어 스스로 학습을 하고 있으면서도 '나'라는 실체는 가지고 있지 않다. 데카르트가 '나'라는 실체가 존재한다는 판단을 하였던 유일한 판단근

---

99) 1596. 3. 31 - 1650. 2. 11, 프랑스의 철학자, 수학자, 과학자.
100) 인공지능(artificial intelligence, AI).

거인 "생각하는 활동"이란 것도, 물질적 조건 에너지적인 조건이 갖추어지면 일어나는 자연적 현상일 뿐이라는 것이 명확해졌다. 그러므로 "나는 생각한다 고로 존재한다"는 결론은 사실은 헛된 명제였음이 명확해진 것이다. 그러므로 우리 사회를 짓누르는 공교육주의 교육경쟁 학습경쟁 등 생각하는 능력에 초점을 맞춘 지적활동이 사실은 인간의 본질적 측면의 활동과 크게 상관이 없는 비인간적인 모습일 수도 있음이 명확해졌다고 할 수 있다.

앞서 말한 것처럼 "나"라는 생각은 무명에 의해 일어난 지상(智相)이요 망념에 불과하다. 즉 말나식이 일으키는 일시적 망념에 불과한 것이다. AI에서 보듯이 생각이라는 것은 물리적 에너지적 조건이 맞으면 일어나는 자연현상에 불과하다. 그러므로 '나'라는 것과 '생각'이라는 것은 모두 본질적인 것이 아니고 철학의 기초로 삼을 만한 부분이 전혀 없다. 데카르트가 생각에 생각을 거듭하여, 도저히 참이 아닐 수 없다고 결론을 내린 명제인 "나는 생각한다, 고로 존재한다"라는 이 짧은 명제 하나조차도 바르게 생각하지 못한 이유가 무엇일까? AI의 생각하는 능력에서 극명하게 보여지듯이, 인간의 의식적 활동이란 것이 인간 내부의 심층적이고 본질적인 인간본질과 유리되어 독자적으로 작동될 수 있는 것이고, 그러므로 망상, 탐욕, 감정, 무지 등에 자동으로 반응하며 기계적으로 돌아가는 단순한 계산능력에 지나지 않기 때문이다. 사람이 AI와 대화를 할 때, AI가 하는 말을 들으면서 AI는 자아가 없으면서 이렇게 사람처럼 대화하는 점을 신통해 한다. 그러나 AI와 대화를 하고 있는 인간 자신도 인성의 본질이 담겨 있는 무의식과 의식이 유리되어 의식부분을 위주로 지식기계처럼 생각을 하고 말하고 있을 수 있는 점을 관찰할 수 있어야 한다. 이러한 지식기계현상은 인식활동능력을 충분히 계발했다고 볼 수 있는 일부 변호사들이 유튜브에서 혐오사이버렉카[101]로 활동하는 현상에서도 확인할 수 있다. 오늘날의 지식주의 과학주의 합리주의가 진리와 종교 무의식 등 인간의 통상적인 의식활동을 넘어서는 고차원의 본질을 통하여 검증되고 교정되어야 하는 점이 분명해졌다고 하겠다.

서경의 대우모(大禹謨)에는 순임금이 왕위를 물려받는 우임금에게 자신의 도(道)의 진수를 전한 말이 나온다. 그 말은 "사람의 마음은 위태롭고, 도(道)의 마음은 희미하니 오직 하나로 정성을 다해 그 중심을 잡으라(人心惟危 道心惟微 惟精惟一 允執厥中)"는 것이다. 사람의 마음, 사람의 생각이라는 것이 인간의 본질과는 별 상관없이 감정, 욕망, 분노 등에 휩싸여 자동으로 일어날 수 있으니, 정신을 집중하여 생각 너머로, 의식 너머로, 인간의 무의식의 심층에 있는 진여의 빛을 잡으라는 말이다. 순임금의 이 같은 말은 정말 인간사의 핵심이다. 정치란 가장 치열한 '생각하기'인데, 이러한 '생각하기'의 세계에서 성공적으로 중심이 되고 승리하는 방법의 요체를 전수한 것이다. 데카르트와 같은 잘못된 결론에 이르지 않도록 미리 깨우치는 말일 것이다.

---

[101] 혐오사이버렉카는 유튜브 등에서 비방하거나 비판할 대상을 찾아서 비난하고 진실과 허위를 불문하고 오직 자신의 생각만으로 타깃(대상)을 공격하여 쾌감을 느끼고 이익을 추구하는 새로운 형태의 개인방송자를 말하는데, 공격을 당하는 대상들은 피해를 보아 자살을 하는 경우도 다수 있었으나, 한국사회는 여기에 대응할 역량을 발휘하지 못하고 있다. 과거에도 이러한 유형의 사람들은 존재하였을 것이나, 이를 일상적인 생계수단이나 활동으로 삼고 있다는 점에서 새로운 형태의 정신병으로 등록될 필요가 있다고 생각된다.

6. 점복(占卜)의 구조

    인류 최초의 문명, 홍산문명인들의 점술에는 두 가지 갈래가 보인다. 하나는 앞서 설명한 거북 껍질 등 동물의 뼈를 불로 지져서 생기는 갈라짐을 보고 미래를 예측하는 방법이고, 다른 하나는 팔괘를 이용하는 방법이다. 기존 학계에서는 처음에는 갑골 등 동물 뼈로 치는 점이 행하여지다가 은나라를 멸망시킨 주나라의 주역이 정립된 후로는 주로 시초점[102] 등으로 점치는 방법이 바뀌어 왔다고 보고 있다. 전통적 견해는 복희가 팔괘를 창안하고 문왕이 64괘를 만들었으며, 주공이 효사를 짓고, 공자가 10익[103]을 지음으로써 주역이 완성되었다고 하고 있다.

    계사전에서는 팔괘의 시작에 대하여,
  "옛날에 포희씨가 천하를 다스릴 때 위로 우러러 살펴 하늘의 상(象)을 보고, 아래로 굽어보며 관찰하여 땅을 본받고, 새와 동물의 무늬를 관찰하여 땅과 더불어 마땅하게 하였으며, 가까이로는 몸 전체에서 취하고 멀리서는 모든 사물들에서 취하여 팔괘를 그어 시작하였기에 신명의 덕에 통하였으며, 이로써 만물의 정을 무리로 구분하였고, 끈을 묶어 그물을 만들고, 밭을 갈고 고기를

---

102) 50개의 시초가지로 치는 점.
103) 상하(上下) 편(篇)의 단전(彖傳), 상하의 상전(象傳), 상하의 계사전(繫辭傳), 문언전(文言傳), 서괘전(序卦傳), 설괘전(說卦傳), 잡괘전(雜卦傳)의 10편(十篇)을 말한다(위키백과 설명 참조).

잡았으니 모두 리(離)괘에서 취한 것이다104)"라고 적고 있다.

  포희씨는 태호복희라는 이름으로도 불리는데, 전설에 의하면 성씨는 풍씨이며 기원전 2800년 무렵에 살았다고 한다. 사마천의 《사기》에는 동이족이라고 서술되어 있다고 하며105) 지금 중국 임기시에 있는 동이박물관에도 태호복희를 '동이영웅'이라고 써 놓았다고 한다106).

  앞에서 살펴본 홍산문명의 우하량 유적107)에서 출토된 석판에 이미 팔괘가 그려져 있는 것으로 보아 팔괘를 창시하였다고 하는 태호복희는 홍산문명의 사람임이 분명하다고 생각되고, 앞서 소개한 우하량 적석재단에서 보듯이 홍산문명은 천지인 삼재사상과 원방각에 대한 관념 등 확고하게 정립된 사상을 가지고 있었음이 확실하므로, 팔괘에서 천지인 삼재를 갖추기 위해서는 팔괘를 중첩시키는 대성괘(大成卦)를 만들지 않을 수 없고, 대성괘를 만들면 64괘는 자동으로 나오기 때문에 주역에 나오는 64괘는 이미 홍산문명에서 다 갖추어졌다고 보아야 한다. 그러므로 복희씨가 64괘를 모두 지었고, 단사와 효사는 후대에 여러 개가 갖추어 졌으나 오늘날 전하는 것은 주역밖에는 없는 것이라고 생각된다. 하나라의 연산역과 은나라의 귀장역은 시중에 전하지 않으나, 귀장역은 1993년 3월 호북성 강릉현 형주진 영북촌(지금

---

104) 계사전 : 古者包犧氏之王天下也, 仰則觀象於天, 俯則觀法於地, 觀鳥獸之文, 與地之宜, 近取諸身, 遠取諸物, 於是始作八卦, 以通神明之德, 以類萬物之情。作結繩而為罔罟, 以佃以漁, 蓋取諸離….
105) 위키백과 내용 참조.
106) 고양일보, 신동우 기자 "중국인 시조, 한국인이라는 빼박증거 있다…. 중국 박물관에도 전시" 기사 참조.
107) 3630±110BC, 3650±130BC.

형주시 영성진 영북촌) 왕가대 15호 진묘(秦墓)에서 출토되어 현재 연구 중이라고 한다108)

　동물 뼈로 점을 치는 방법과 팔괘에 의한 점치는 방법은 각각 독자적인 논리를 가지고 발전하면서 어느 순간 서서히 융합되었다고 생각이 된다. 그 이후 동물 뼈로 점치는 방법은 중국에서는 상나라 멸망 이후로 사라진 듯하고, 한민족에서는 신라시대 이후로 점차 사용되지 않게 되었으며, 일본 왕실에는 아직도 거북 껍질로 점치는 방법이 전수되고 있다. 그러므로 오늘날 한반도에는 주역에 의한 점법만 남게 된 상태가 되었다고 생각된다.

　그러면 오늘 날의 점법 중에 최고의 지위를 가지고 있는 주역을 중심으로 점의 구조를 살펴보아 점의 구조가 과연 어느 정도 신뢰할 수 있는 것인지 또는 유용한 것인지를 생각해 보겠다.

　오늘날의 과학적 방법에는 "시뮬레이션"이라는 것이 있다. 옥스포드 사전에는 시뮬레이션의 뜻에 대하여 "물리적 또는 추상적인 시스템을 모델로 표현하고, 그 모델을 사용해서 실험을 하는 일. 실제로 모형을 만들어 하는 물리적 시뮬레이션과, 수학적 모델을 컴퓨터상에서 다루는 논리적 시뮬레이션이 있음. 공학상의 설계 및 사회현상분석 등에 쓰이는데, 방대한 수치 계산을 고속으로 처리하는 실시간(實時間)의 시뮬레이션은 컴퓨터의 이용으로 비로소 가능해졌음"이라고 설명하고 있다. 실제로 실행하기

---

108) 블로그 훈민관 게시 내용 참조(https://blog.naver.com/spdlqjrl/110174183312).

어려운 과정을 좀 간단하게 실험하는 모의실험을 말한다.

　우연적 사건이거나 인간의 의식적 활동으로는 계산을 하기 어려운 '미래를 예측하는 일'에 있어서 우리가 아무런 선입견 없이 그리고 실험 자원에 대한 제약도 없이 미래의 일을 알고자 한다면, 현실의 위기를 야기한 것과 동일한 내용을 실험실에서 만들어서 시간을 빨리 흐르게 하면 미래의 결과를 사전에 알 수 있을 것이다. 예를 들어 '미경험'이라는 사람이 어떤 사람으로부터 어떤 위치에 있는 가게를 인수하겠냐는 제안을 받았는데, '미경험'이 그 제안을 받아 들여서 그 가게를 인수하면 앞으로 이 가게가 잘될 것인지, 앞으로 '미경험'의 인생에 발전이 있을 것인지에 대하여 현실적인 의식적인 계산으로서는 판단이 서지 않을 때, 그 결과를 미리 알 수 있는 방법은 '미경험'이 살고 있는 우주와 동일한 우주를 만들어서 그 만들어진 우주 속에 있는 '미경험'이 가게를 인수한 것을 전제로 하여 '미경험'을 둘러싼 모든 환경의 시간을 빠르게 흐르게 하면 가게를 인수한 '미경험'의 미래를 알 수 있을 것이다.

　역의 점술은 이러한 시뮬레이션 이론에 기초하고 있다. 그러므로 주역은 이러한 사상에 기초하여 다음과 같은 두 가지의 단계를 만들어 두고 있다.
　첫 번째 단계에는 가능우주를 구성하는 것이다. 이 우주에 존재할 수 있는 모든 만물의 기본적 구성요소로 먼저 하늘(☰, 건)과 땅(☷, 곤)을 구비한다. 여기서 말하는 하늘과 땅은 현실세계의 하늘과 땅이 아니라 현실세계가 구현되는 것을 가능하게 하는 현실의 배후에 존재하는 상(象)이다. 그러므로 하늘(☰)은 양(陽)을 의미하기도 하고, 강건하며, 말(馬)이 되기도 하며, 아버지가 되기도 하고, 왕이 되기도 하며, 옥(玉)을 상징하기도 하고, 쇠가 되기도 하며, 큰 붉음이 되기도 하며 차거운 얼음이 되기도 한다. 그러므로 건괘(☰)는 그 상(象)에 부합하는 온갖 사물에 그 속성을 드리우고 있어서, 이를 하나하나 대응시켜서 외우는 것은 어렵고, 상황에 맞게 궁리하여 터득하는 것이 매우 중요하게 된다. 건괘(☰)와 곤(☷)이 서로 반응을 하면 물(☵)과 불(☲)이 갖추어 진다. 마찬가지로 건곤의 작용으로 우레(☳), 산(☶), 바람(☴) 연못(☱) 등이 생겨나며, 이렇게 하늘(☰) 땅(☷) 물(☵) 불(☲) 우레(☳), 산(☶), 바람(☴) 연못(☱) 등의 8상(象)이 갖추어 지면 서로 반응하여 64상(象) 384가지의 변화가 만들어지는데 384가지의 각 상황은 현상계의 배후에서 수많은 조화를 가능하게 하는 이데아로서의 가능성이기 때문에 이 같은 가능성은 전체 우주를 포괄하는 변화를 담아낼 수 있다.

주역이 준비하고 있는 가능우주의 규모와 범위에 대하여 아래 다산 정약용의 말씀은 참고 할만하다.

"옛날 아버지가 벼슬을 내어 놓고 집에 계실 적에 주역을 읽으셨는데, 그 때 아버지가 무릎을 치며 감탄하시는 것을 보았지만 여쭈어보지도 못하였다. 유배를 당하여 주역의 실마리를 끌어내어 찾아내 보다가 의심과 분한 생각이 마음속에 교차되어 거의 음식을 전폐하려고까지 하였다. 보고 있던 모든 책을 다 접어 두고, 오로지 주역 한 부만을 책상 위에 놓고 밤낮으로 깊이 연구하고 완색하다 보니, 어느덧 눈으로 보는 것, 손으로 만지는 것, 입으로 읊는 것, 마음으로 생각하는 것, 붓으로 쓰는 것에서부터 밥상을 대하고 변소에 가고, 손가락을 퉁기고, 배를 문지르는 것까지 하나도 '주역'이 아닌 것이 없다는 것을 깨달았다109)"

역(易)의 64괘 384효에 구비된 상(象)의 세계를 통하여 전우주적인 거시세계부터 일상적인 미세한 세계까지 주역의 가능세계를 포괄하여 인식하는 일은 참으로 성실한 노력과 뛰어난 자질이 아니고는 달성해 내기 어렵다. 이처럼 역(易)을 통하여 점을 치기 위해서는, 먼저 전 우주에 대응하는 가능우주를 주역 64괘를 통하여 점치는 자의 관념에서 구비할 수 있어야 한다. 이 부분에 대하여 공자는 이렇게 말하였다.

"무릇 건(☰)이란 고요할 때는 전일하고 움직이면 곧으니 이것이 큼이 생겨나는 것이다. 무릇 곤(☷)은 고요할 때는 닫히고 움직이면 열리니 이것이 넓음이 생겨나는 것이다. 넓기는 하늘과 땅에 짝이 되고, 변통은 사계절에 짝이 되며, 음양의 드러남은 태양과 달의 짝이 되며, 역(易)의 간이함은 지극한 덕의 짝이 되니, 공자가 말하길 역(易)이란 지극하구나, 무릇 역이란 성인이 덕을 숭상하고 사업을 펼치는 바로다.110)

이러한 역(易)의 모습에 대하여 소강절 선생은 아래와 같은 시를 지어 소회를 말하였다. 좋은 시라고 생각되어 음미해 본다.

---

109) 유튜브 다산TV "다산 TV! 茶山의 고독과 사색의 결실 '주역사전' 이야기" 영상 중에서 친구 윤영희에게 보낸 편지 내용 중에서 인용.
110) 계사전: 夫乾, 其靜也專, 其動也直, 是以大生焉。夫坤, 其靜也翕, 其動也闢, 是以廣生焉。廣大配天地, 變通配四時, 陰陽之義配日月, 易簡之善配至德。子曰, 易其至矣乎。夫易, 聖人所以崇德而廣業也。

『관역음(觀易吟) - 주역을 보고 읊음

한 물건에서 유래하여 한 몸이 있으니,
한 몸에는 다시 한 하늘과 땅이 있도다.

능히 만물은 한 몸에 갖추어져 있으니,
천지인 삼재를 즐겨 알아서 뿌리를 세운다.

하늘은 한 중심으로 향하여 조화를 나누고,
사람은 마음에서 경륜을 일으키니,
하늘과 사람이 어찌 두 개의 지향함이 있겠는가?

도는 헛되이 행해지지 않으니 오직 사람에게 달렸도다.』[111]

화담 서경덕[112]도 주역을 보고 그 소회를 남겼는데, 아래와 같다고 한다.

---

111) [출처] 소강절(邵康節)의 명시(名詩)|작성자 곡두.
https://blog.naver.com/bonem25/221466480170
      『관역음(觀易吟)
      일물유래유일신(一物由來有一身)
      일신환유일건곤(一身還有一乾坤)
      능지만물비어아(能知萬物備於我)
      긍파삼재별입근(肯把三才別立根)
      천향일중분조화(天向一中分造化)
      인어심상기경륜(人於心上起經綸)
      천인언유양반의(天人焉有兩般義)
      도불허행지재인(道不虛行只在人)
112) 조선 중기의 학자(1489년 3월 18일(음력 2월 17일)~1546년 8월 13일(음력 7월 7일).

관역음(觀易吟) - 주역을 보고 읊음

『일(一)

물작용 불작용이 감추어진 상태로 작용함은 형상의 세계에 앞서지만, 이르러 흐름이 시작한 후에 도가 시작되어 전하는구나.

복희씨가 그 참된 깊은 뜻을 알아내어 하도를 만들었고,
주나라의 경전(주역)은 또 하늘을 알맞게 설명하여 비추었다.

사물을 따라 연구하면 능히 조화를 알 수 있고,
근원의 머리로부터 찾아가면 현묘함을 깨우칠 수 있다.

올바로 밝게 듣는 이가 세상에 나오지 않았다면 시초나
짐승의 발굽에 의지하여 점을 치는 것은 어려웠을 것이다.

이(二)

복희의 하도 주역은 귀신도 움직이는데,
중니(공자)께서 하늘로부터 이어받아 펼치셨도다,
지극한 이치를 조금도 남김없이 활짝 열었으니, 말없이
마음으로 통하여 합하는 것은 오직 사람에게 달렸도다.[113]

---

113) 서화담 문집 https://wlrb.tistory.com/210
  『일(一)
  감리장용유형선(坎離藏用有形先)

위 두 분 대학자의 시에서도 사람이 관념의 세계에서 우주 전체의 이치를 완전하게 구현할 수 있음을 말하고 있는 것을 알 수 있다.

위와 같은 가능우주의 관념적 구성방법은 우주 전체의 문제를 포함하고 있기 때문에, 현대의 AI시대와 매우 융합될 만한 부분이 있다. 주역은 관념적 이론체계를 통하여 현실의 문제를 해석하고 미래 예측을 위한 의사결정을 하는 학문이고, AI도 어떤 데이터를 사용하여 결론을 내리고 의사결정을 하는 영역이기 때문에 주역의 점단구조와 AI의 데이터 해석 및 의사결정구조는 완전히 일치한다고 생각된다. AI를 개발하는 팀에 주역전문가가 참여하면 도움이 될 듯하고, 과학적 데이터 해석과 의사결정 방법과, 주역의 데이터 해석방법과 의사결정 방법이 융합된다면 보다 더 좋은 AI가 구현될 수 있다고 생각된다. 주역의 데이터 해석방법은 384효의 간결한 상징으로서 이 세상의 모든 문제를 추론할 수 있을 정도로 효율적이기 때문에 AI의 의사결정에 큰 도움이 되리라고 생각된다.

도득유행도시전(到得流行道始傳)
희화략모진저상(羲畫略摹眞底意)
주경차서설영중천(周經且說影中天)
연종물상능지화(研從物上能知化)
수자원두가파형(搜自源頭可破玄)
불시청명간시출(不是聽明間世出)
난빙죽역토제전(難憑竹易討蹄筌)

이(二)
희화주경동귀신(羲畫周經動鬼神)
중니천종인이신(仲尼天縱引而伸)
확개지리무유온(廓開至理無遺蘊)
묵계심통지재인(默契心通只在人)』

두 번째 단계는 점자(占者)의 관념에서 구성된 모든 가능우주에서 현실적이고 구체적인 사건과 결과를 확정해 내는 단계이다. 이 부분이 점을 치는 행위에 해당한다. 원래 주역에 따른 점을 치는 법은 50개의 산가지로 치는데, 여기에는 태극, 천지인 3재, 사계절의 운행(시간의 흐름)을 반영하는 행위로 구성되어 있다. 가능우주에서 천지인, 즉, 공간과 인간 그리고 시간이 반영됨으로써 구체적인 사건으로 나타나는 것이고 이를 괘(卦)를 얻는다. 또는 괘(卦)를 만난다고 하는 것이다.

그러므로 점을 치는 구조는 인간의 무의식, 가능우주를 구성하는 해박한 괘상과 효사의 이해, 점을 치는 방법, 그리고, 얻어진 괘상을 해석할 임상적 경험을 필요로 한다.

역을 이용한 점(占)이 현실세계를 반영하는 근거와 이유는 역(易)이 구비하고 있는 64괘 384효에 드리우고 있는 완벽한 물상체계의 가능우주이다. 그러므로 역(易)을 통하여 가능우주를 이해하는 것만으로도 점을 치지 않고도 현실우주의 변화원리를 이해할 수 있으며, 지혜를 높이고 심신의 상태를 높일 수 있다. 역(易)을 완전히 이해하게 되면, 현실을 완전히 이해할 수 있으므로 소강절 같은 분은 이러한 경지를 심역(心易)이라고 불렀다. 그러므로 이러한 경지가 되면 굳이 점을 칠 필요가 없기 때문에 어떤 분들은 "주역은 점을 치는 도구가 아니다"라고 주장하기도 한다. 이런 분들에게는 주역은 지극한 철학서가 되고 도덕책이 되는 것이다.

주역은 현실우주를 반영한 변화의 원리와 우주변화의 원리를 담고 있기 때문에, 이를 이해하는 것만으로도 수양이 되고 수행이 된다. 그러므로 공자는 즐겨 점을 치지 않으면 군자가 아니라고 한 것이다.

"…6효의 움직임은 천지인 삼재의 도(道)이니 그러므로 군자가 편안하게 거처하는 바가 역(易)의 시작이요, 효사를 음미하여 즐기는 곳이 효의 글이다. 그러므로 군자는 거처할 때는 괘의 상(象)을 살펴서 효114)에 있는 글을 음미하고, 움직일 때는 그 변화를 보아 점을 즐겨서 음미한다. 이것이 하늘로부터 도움이 있다는 것이요 길하여 불리하지 않다는 것이다"라고 하였다.115)

---

114) 괘에 있는 한 개의 막대기, 즉 1개의 음양을 효라고 한다.
115) 계사전 상 ; 六爻之動, 三極之道也。是故, 君子所居而安者, 易之序也。所樂而玩者, 爻之辭也。是故, 君子居則觀其象而玩其辭, 動則觀其變而玩其占, 是以自天祐之, 吉无不利.

7. 역(易)이 예정하고 있는 변화의 기본 패턴

현실세계에서 변화란 항상 기본적 패턴으로만 나타나는 것이 아니고, 변칙적으로 나타나는 경우도 매우 많기 때문에, 이러한 변화의 원리를 이해하려면 주역 전체를 이해하여야 한다. 그러나 인간사에 있어서의 변화의 기본적 패턴을 이해하는 것은 생활의 지혜로서 매우 의미가 있어 보인다. 이러한 변화의 기본 패턴를 나타내 주는 것이 주역 괘의 순서이다. 주역 괘의 순서에 대해서는 공자의 10익 중의 하나인 서괘전에서 설명을 하고 있으나 그냥 괘의 괘상과 주역의 순서를 암기하고자 만든 책으로만 생각하였는데, 세월이 흐르면서 이 서괘전의 내용이 인간사 변화의 기본 패턴이라는 생각에 이르게 되었다.

괘의 순서에 대한 서괘전의 배열이나 내용에 대해서도 학설이 많고, 의견이 많지만, 너무 타인의 의견을 잘 이해하려고 할 필요는 없고, 각자 자신이 우주를 이해하는 데에 유용하게 사용할 수 있도록 각자의 정신에 맞게 이해하면 된다고 생각한다. 그러므로 여기서는 어려운 괘상의 내용은 빼고 변화의 기본 패턴을 설명하는 정도로 정리해 보았다. 이하에서 설명하는 30가지 패턴은 우주변화의 패턴 중 기본적인 연관고리를 대유적으로 설명한 것이다. 실제로 우주변화는 이러한 기본고리에 맞추어 일어나는 경우 외에도 변칙적으로 불가측하게 일어난다. 그럼에도 불구하고 아래의 기본 패턴은 그래도 사건의 변화를 멀리까지 추적할 수 있게 해 준다. 인생의 기본 네비게이션 같은 이론이므로 이 부분을 정리하는 것은 매우 의미가 있다고 생각된다. 그리고 어떤 사안이든지 아래의 글을 놓고 읽고 생각하면, 그 일의 다음에 어떤 일을 생각하여야 하는지에 도움이 될 것으로 생각한다.

〈생성변화의 기본 패턴〉

1)2) 하늘과 땅_ 천지가 있은 후에 만물이 생겨난다

당연한 얘기지만, 하늘과 땅, 양기와 음기의 조화작용이 있어야 만물이 생겨난다. 그러므로 인생을 살아가면서 항상 하늘과 땅의 지엄함과 환경의 중요성을 잊지 말아야 한다. 우리의 신체, 생명, 재산 등 모든 것이 하늘과 땅에 의지하고 있음을 잊어서는 안된다. 역(易)에서 말하는 하늘과 땅(乾坤)은 현실적으로 눈에 보이는 하늘과 땅만을 의미하지는 않는다. 눈에 보이지 않는 무형적 요소나 물질계 이면의 작용력도 하늘과 땅의 개념에 포섭될 수 있다.

하늘과 땅의 근본 작용원리는 도덕이다. 따스한 햇빛이 만물을 살리고, 은은한 달빛이 만물을 어루만지는 것이 선(善)이다. 선(善)을 비추어야 만물이 살아간다. 인간사의 햇빛이 도덕이요 달빛이 선(善)임을 잊어서는 안된다.

3) 만물이 생겨날 때는 서서히 차오르는 현상이 있다(屯)

아직 눈치 채기 어려운 단계이지만, 만물은 생겨나면서 서서히 차오른다. 이때 엉겨 붙어서 응어리지며 고정되는 현상이 보편적인데, 인간사도 마찬가지이다. 어떤 실체가 생기려고 하면 중심이 되는 사상이나 인재가 있는데, 이런 중심 인물이 환경을 극복하는 것처럼 어려운 여건을 뚫고 어떤 현상을 만들어 낸다. 그러므로 지혜로운 사람은 이런 현상이나 인재를 미리 알아본다.

4) 만물이 자신의 모습을 완성하면, 무지몽매한 상태로 생겨난다

만물은 태어나면 아직 이 현상계에 대해서 충분히 적응할 수 있는 지식을 갖추지는 못한다. 업식으로 가득 채운 무의식과 공허한 의식을 가지고 태어나는 것이다. 그러므로 몽매한 단계에 있게 된다. 만물이 태어나서 몽매한 단계에 있게 되는 것도 참으로 심오한 우주원리가 있다고 생각된다. 이 단계에서 가장 중요한 것은 교육이다. 교육에서 가장 중요한 것은 스승이다. 세상을 이해하는 것은 어렵기 때문에 책이나 정보로만 이해할 수는 없다. 그러므로 몽매한 상태에 있는 자는 필사적으로 지식과 함께 스승을 구해야 한다. 물질계에 던져진 영혼에게 진리의 진실을 깨우치도록 하는 것은 이미 그 단계에 있는 스승이 아니면 도와줄 수 없기 때문이다. 그러나 가장 큰 스승은 배우는 사람 자신이다. 배우는 사람이 스스로 스승이 되어서 간절하게 구하지 않으면, 다른 사람이 참되게 가르쳐 주기 어렵기 때문이다.

5) 무지몽매를 깨우치는 것과 함께 몸도 길러진다

만물은 태어나면 작고 미숙한 상태로 출발되기 때문에 음식을 통해서 몸을 길러야 한다. 몸을 잘 기르는 방법도 오묘하고 복잡하므로 음식에 대한 체험과 공부도 매우 중요하다. 몸을 기르고 유지하는 데는 물자가 필요하므로 경제문제는 매우 중요한 본질적인 문제이다. 지혜 있는 자는 좋은 음식을 즐기고 좋은 사람과 함께하여 나눌 줄 안다.

6) 경쟁과 분쟁

만물은 세상에 나오면 반드시 다른 존재와 접촉하게 되어 있고 상호작용을 하게 되어 있다. 다른 존재와 상호작용은 생각과 물질의 교류·이동을 가져오게 되는데 반드시 분쟁이 발생하게 된다. 분쟁에 있어서는 강한 쪽이 이기게 되어 있다. 얻고자 하는 쪽에서는 명분을 만들어 공격을 하고 지키고자 하는 쪽에서도 명분을 가지고 상대를 공격하게 된다. 서로 공격을 하게 되면 승패가 생겨나게 되는데, 강한 쪽이 이기게 된다. 그러므로 지혜로운 자는 멸망할 쪽을 선택하지 않는다. 우리 역사에서 보면 조선시대에 청나라의 강성을 예견한 쪽에서는 청나라와 화친할 것을 새로이 주장하였고, 기득권을 지키고자 하는 측은 의리론과 명분론을 내세워 명나라의 편에서 청나라와 싸울 것을 주장하였다. 아무리 좋은 의리와 명분도 존재의 근거보다 중요하지는 않다. 그러나 인간이란 존재는 자신의 존재를 희생하더라도 올바름을 지키고자 하는 속성이 있으니, 아마 현재의 세상과 연결된 다른 세상과의 연결까지 생각하는 더 큰 생각으로 본다면 단순히 현재의 시각만으로 섣불리 단정할 문제는 아닐 수도 있겠다.

7) 무리 짓기

경쟁하는 이 세상은 각기 다른 업식을 가진 존재들이 와서 살아가는 곳이다. 그러므로 이 세상은 분쟁의 소용돌이이다. 국제질서가 그렇고, 전쟁이 그렇고, 정치현상이 그렇다. 이렇게 분쟁이 존재하면, 자신의 무의식과 지식과 환경에 따라서 어느 한쪽으로 치우쳐 무리를 짓게 된다. 무리를 짓는 현상은 무리들 간의 충돌로 이어지게 된다. 이때에 가장 중요한 것은 무리의 실력, 질서와 도덕성 그리고 지도자이다.

우리는 사회현상에서 끝없이 분쟁이 발생하는 것을 겪게 된다. 신문기사 하나하나도 전부 분쟁현상이다. 언론의 사건 사고 소식도 어느 한쪽 편에서 다른 쪽을 응징하는 응징행위이다. 그러므로 인생에서 피하기 어려운 심정적인 무리 짓기에서도 이러한 중요 포인트를 항상 점검할 필요가 있다. 중요한 일에서 소인배와 함께 무리 짓는 일은 절대 삼가하여야 한다.

8) 사귀기

무리를 짓게 되면 다른 존재를 만나게 되고 그러면 서로 교류하게 된다. 이를 사귀기라고 부른다. 다른 존재를 만나서 사귀는 것은 좋은 일이 될 수 있다. 무언가 원하는 것을 얻을 수도 있고 부족한 것을 채울 수도 있다. 사람이 사귀는 이유는 정신적이든 육체적이든 편안하지 못해서이다. 사귀는 사람은 부족하고 필요한 것이 있어서 사귀는 것이니, 잘못된 욕망을 가진 사람은 크게 경계하여야 한다. 그러므로 다른 사람을 사귀는 일은 매우 신중해야 한다. 개인이든 국가든, 사귀는 일에서 흉한 일이 생기는 것을 막고 좋은 인연으로 만드는 것은 진실되게 바른 도리를 지키는 것이다. 특히 덕이 있어야 한다. 그러므로 역의 효사에서 "왕이 사냥을 하는데 세 방향에서만 몰이를 하고 한 방향은 비워두어 앞의 새가 달아날 곳은 남겨두니, 사람들이 이를 보고 왕을 경계하지 아니한다"라고 하였다.

9) 힘의 축적

사람이든 물건이든 무리를 짓고 사귀면 에너지가 축적된다. 개인 간에도 사귀는 정도가 깊어지면 깊은 우정도 되고, 사랑도 된다. 단체에서도 사귀는 정도가 깊어지면 그 힘이 축적이 된다. 회비가 쌓이고 유대가 깊어지고 활동경력이 신뢰와 힘을 가지게 된다. 사귀는 활동이 힘의 축적으로 이어지려면 내적으로 바른 도리를 지녀야 하고, 봉사하고 섬기는 마음을 가지는 사람이 그 역할을 할 수 있어야 한다.

10) 예절

무리를 짓고, 사귀는 것이 힘의 축적으로 이어지면, 반드시 그 안에는 질서가 생기는데, 그 역할에 맞는 도리를 서로 지키는 것을 예(禮)라고 한다. 인간사에서 이러한 예를 지킬 줄 모르면, 그야말로 재앙이 찾아온다. 예를 지키지 못하면 모든 관계도 깨어지고 만다. 주역에서는 이를 호랑이 꼬리를 밟는다고 하였다. 사귀거나 사회에서 무리생활을 하는 것은 호랑이 꼬리를 밟는 일이다. 호랑이 꼬리를 밟으면 어떻게 되겠는가? 그러나 호랑이 꼬리를 밟더라도 예(禮)를 지켜서 밟아 나가면 물리지 않는다고 하였다. 적절한 비유이다. 역사에는 이러한 예를 지키지 못하여, 자신과 집안을 망친 사례가 무수히 많다.

"대저 예(禮)는 천도(天道)를 본받아 인정(人情)을 다스렸던 것이므로 이를 어기는 자는 죽고 이를 어기지 않는 자는 산다."[116]

11) 형통함

교육을 받고 몸을 길러, 아름답게 사귀고, 예를 다하면 드디어 다른 사람과 진정으로 소통하게 된다. 다른 존재와 소통이 되고, 더 나은 단계로 성장하고, 앞서 간 사람들이 이끌어 주어 개인이

---

116) 《예기(禮記)》 예운(禮運)편.

든 단체든 모두 성장하고 형통하게 된다.

12) 막힘

사람이 예와 도리를 잃으면, 정상적인 사람들이 외면한다. 이러한 사람의 속성은 인간 내부에 선천적으로 프로그래밍 되어 있다. 그러므로 손을 내밀거나 도와주는 이가 없고, 모든 일은 막히게 된다. 도와주는 선배가 없고 따르는 후배도 없고, 도와주는 동료도 없고, 찾아 주는 손님도 없다. 이러한 상태는 소통되지 않고 고립되는 것이니 이를 막힘이라고 한다. 사람이 모든 일이 형통하고 발전하게 되면 자신도 모르게 방종하고 오만해져서 막히는 지경에 다다르게 될 수 있다. 지극히 경계하여야 하는 일이다.

13) 막힌 것을 뚫음_ 동지를 얻음

막힌 것이 뚫리려면 사람을 만나야 한다. 또는 막혀 있던 것이 사람을 알게 되면서 변화가 생길 수 있다. 사람을 얻으려면 유순하고 낮은 자세로 능력이 있는 사람을 구해야 한다. 문명한 밝음을 갖추고 바른 도리를 추구해야 한다. 사람이 모이는 법칙은 유유상종(類類相從)이다. 유유상종은 사람만의 법칙이 아니라 물질의 법칙이기도 하다. 탄광에는 탄이 모이고 금광에는 금이 모인다. 그러므로 좋은 사람을 얻으려면 먼저 자신 스스로가 좋은 사람이 되어야 한다.

14) 부자가 됨

좋은 사람들과 함께 하면 반드시 그 사람에게 물질이 돌아가게 된다. 유순하고 밝은 지혜로 바른 도리를 드러내어 시행하니 모든 일이 순조롭게 되어 물질적으로도 기회가 찾아와서 경제적으로 나아지게 된다. 만약 사람들과 함께하였는데, 어려움이 찾아오고 점점 가난해 진다면 좋지 못한 사람들과 함께 있는 것일 것이다.

15) 겸손함

풍요로운 부자가 망하는 것은 겸손하지 못해서이다. 자신의 안목과 성공에 젖어서 자신을 돌아보는 기회가 적어지면 시기와 질투도 받고, 스스로도 오판을 일으켜 자신이 이룩한 것을 잃기 쉬워진다. 그러므로 부자의 도리와 함께 겸손함을 말했다. 겸손의 도리는 우주가 인간과 자연의 내면에 프로그래밍해 놓은 것이다. 그러므로 겸괘 단사에서는 하늘의 도리는 가득 찬 것은 이지러지게 하고, 땅의 도리는 가득 찬 것을 변하게 해서 낮은 곳으로 흐르게 하며, 귀신은 가득 찬 것을 해롭게 하고 겸손한 것에 복을 주며, 사람은 가득 찬 것을 질투하고 겸손한 것을 좋아하니, 겸손이야 말로 높고 빛나는 것이며 낮아도 넘을 수 없는 것이니, 사람의 지도자가 갖추어야 할 최고의 덕목이라 하였다.

16) 안정되고 화목함

학식과 부를 이루어 우뚝 선 사람은 타인의 주목을 받고 지도적 위치에 놓이며 편안함을 얻게 된다. 사람들은 이러한 사람을 우러르고 따른다. 사회적으로 보면 재벌이나 성공한 기업가 등 지도층을 대중들이 모범으로 삼고 사회가 운영되는 상태이다. 개인적으로 보면 성공을 이루어 편안함을 즐기고 있는 상태이다. 이 상태에서는 다수의 기쁨을 만드는 데에 정성을 다해야 한다. 예컨데 경주 최부잣집은 이러한 원리에 따라 기쁨을 만드는 일에 힘썼다.

17) 복종과 따름

사람이 학식과 경륜과 부를 이루어 우뚝한 존재로 되면, 반드시 따르는 자가 생긴다. 위에 있는 자가 힘과 재물을 나누어 아래에게 주고, 아래는 이에 따라 바르게 움직이며 기뻐하는 상태이다. 사업주가 채용을 하고 일을 하고 월급을 받는 것도 이에 해당한다.

18) 일을 처리함

사람을 따르게 되면 반드시 일이 생긴다. 일이란 어떤 특정한 편 또는 울타리 안에서 자신들의 입장에서 하는 것이다. 또 선임자의 일이 후임자에게 이어지는 것이고, 상급자의 일이 하급자에게로 내려오는 것이다. 일이란 하는 사람의 공(功)이 상급자와 조직에 미치고 그 대가로 조직과 상급자의 보상이 하급자에게 내려오는 것이다. 일은 상급자의 지도력과 좋은 명령에 의해 시행되는 것이다. 좋은 후임자를 선발하고 유지하는 것이 무엇보다 중요하다.

19) 점점 커짐

일을 하여 처리하는 것이 쌓이면, 경력과 업적이 점점 성장하여 커지게 된다. 연못에 물이 고이듯 성장하게 된다. 마치 바른 정치가 나라를 성장시키듯 점점 커지게 된다. 여기에서 커지는 것은 밑에서 하나씩 쌓아 올라가는 것이다. 그러나 항상 순조로이 커지는 것은 아니다. 여기에는 부침(浮沈)이 있게 마련이다. 개화에 반대하는 수구파처럼, 일을 처리하는 측의 반대 측은 기득권을 잃지 않으려 할 수 있다. 이러한 기득권이 새로이 성장하는 측을 견제하고 봉쇄하려는 경우를 당연히 만나게 된다. 그러므로 이러한 일이 생길 것을 미리 생각하여 주도면밀하게 일을 처리하는 것이 중요하다. 만약 그러지 못하면 사업은 중간에 꺾어지고 사라질 수 있다.

20) 은혜를 내려 줌

위의 '점점 커짐'이 아래에서 하나씩 일을 쌓아 가는 것이라면, 아래에서 쌓아 가지 못할 때에 위에서 내려 주는 일도 있다. 국민들 사원들 등이 아래에서 창의적으로 성장하지 못할 때, 다행히 위에서 유능한 지도자가 있으면, 그 은택을 내려 줄 수 있다. 바른 지도자는 늘 바른 도리가 행하여지도록 구하고 근심한다. 아래에 있는 사람들에게 지혜를 내려 주려면 멀리 보는 지혜와 높은 안목이 있어야 한다. 지혜와 안목이란 지극한 이치에 능통한 것을 필수적으로 포함하는 것이다.

21) 질서의 유지

모두가 각자의 일을 하고, 위에 있는 사람들도 국민 각자의 일을 돕는 구조는 하나의 거대한 사회이다. 사회는 용인할 수 있는 것은 용인하고, 용인할 수 없는 것은 금지하고 처벌한다. 시장경제도 자연발생적으로 생겨나지만, 시장 자체를 어지럽히거나 파괴하는 행위는 용납하지 않는다. 사법체계도 마찬가지이다. 시장경제도 사법체계도 자신의 논리에 따라 운영되는 것에 방해가 되는 것은 금지하고 처벌하여 자신의 운영체계에 융합시킨다. 마치 우리 몸이 입안에 들어 온 음식물을 부수어서 흡수하듯이, 시장경제나 법질서에 어긋나는 행위들은 법적 경제적 제제를 받고 법질서 경제질서를 준수하도록 제제를 받는다. 역(易)은 이러한 때에는 "(밝게) 처벌함이 이롭다"하였다.

22) 조화와 문화

위에서 사회는 "용인할 수 있는 것은 용인하고, 용인할 수 없는 것은 금지하고 처벌한다"고 하였는데, 사회에서 용인되는 것은 각자의 형태로 나타나서 사회를 다채롭게 꾸미게 된다. 이른바 조화의 현상이고 문화현상이다. 이러한 문화현상은 번영된 사회에서 나타나는 현상이므로 여성적이고 음적인 것에 혜택이 더 크다. 하늘이 꾸미는 현상을 천문이라 하며, 사람들이 꾸미는 조화를 인문이라 하고, 땅이 꾸며내는 현상은 지리(地理)라 한다. 천문의 꾸밈을 살펴 시기의 변화를 알며, 사람들이 꾸며내는 인문을 살펴 자연의 도를 받아들이게 한다. 지도자는 문화를 아름답게 하기 위하여는 법으로 처벌하는 범위를 가능한 한 좁게 하고 법과 사회생활의 기준을 명확하게 밝혀서 투명하게 하여야 한다. 오늘날의 미국이 이 단계에 있는 것으로 생각된다. 반면에 현재 한반도 북쪽에 있는 김씨봉건사회는 법으로 처벌하는 범위를 가능한 한 넓혀서 문화와 경제를 질식시키고 있으니, 이씨 조선의 복사판이라 할 수 있겠다. 한국사회도 계속되는 입법과 규제의 증가로 점점 문화가 질식되는 방향으로 가고 있는 것 같아 우려스러운 부분이다. 이미 이씨 조선의 규제 수준으로 복귀했음은 물론, 어떤 면에서는 이씨 조선의 억압 수준을 넘어가고 있다고도 생각된다.

23) 파괴의 단계

인문이 피어난 다채로운 사회가 영원하기는 어렵다. 마치 부잣집 아들이 흥청망청 살아가듯이, 꾸밈이 지극하고 타락하게 되면 사회는 붕괴의 단계로 접어들 수 있다. 사회가 축적한 에너지를 소모하여 진리로부터 멀어지면, 새로이 창의적이고 발전적인 에너지를 보충하지 못하면 사회의 붕괴는 아래로부터 일어난다. 물론 상류층이 무능하고 타락하면 아래도 타락하는 것이지만, 상류층이 무능해도 국민대중이 무능하지 않으면 사회는 붕괴하지 않는다. 그러나 조선은 이씨 가문의 극심한 억압으로 국민대중이 극빈한 생활과 무교육 무능의 상태에 떨어져 민족국가가 멸망하고 말았다. 이러한 이씨 가문을 그대로 모방한 김씨 가문이, 다시 국토의 북쪽을 장악하고 이씨 집안과 같은 행태를 하고 있으니 그 결과는 구한말에 봤던 것과 동일한 결과가 있을 것 같다. 그러므로 사회의 붕괴를 막으려면 중산층을 육성하고 서민대중의 삶을 우선적으로 보살펴야 한다. 사회의 멸망은 오로지 소인이 득세하기 때문에 일어난다. 소인을 억압하고 대인을 진흥하는 사회가 되어야 한다. 대인은 기술과 지식을 갖춘 것은 물론 무의식을 충분히 계발하여 의식의 범위를 보다 넓게 한 사람이다.

사회의 도덕성이 타락하고 소인들이 득세하는 세상에서는 가장 중요한 것은 몸을 보전하여 도를 보전하는 일이다.

24) 돌아옴

파괴의 시대를 현실로 겪으며, 과거를 돌아보게 되고, 다시 진리의 소중함과 소인의 유해함을 알아, 바른 자리로 돌아오고자 하니 돌아옴의 시기가 열린다. 대중은 인재의 소중함을 알고, 사회도 도덕성의 중요함을 다시 알게 된다. 개인적으로는 경제적 무능이나 파산을 겪고 다시 출발하는 것과 같다. '돌아옴'의 시기에는 진리에 따르는 것과 도덕성이 가장 중요하다. 돌아옴의 시대를 연 광복 후에, 우리 사회가 공산주의와 자유민주주의 시장경제 중 어느 것이 진리에 가깝고 도덕적인지를 두고 싸우고 쟁투한 것과 같다. 우주자연의 광대한 자연의 이치를 외면하고 인간중심주의 같은 괴상한 사상병에 물들어 이성계 가문을 김일성 가문으로 대체하려던 자들이 패배한 것은 참으로 다행스러운 일이었다. 현대 한국에서도 "사람이 먼저다" 같은 망상병을 충동질 하는 선동이 일정부분 받아들여지는 현상이 있었으니, 우리 사회는 아직도 상당히 사상적으로 큰 병이 들어 있다고 생각된다.

25) 순조로움

돌아옴의 시대에 들어서서 진리의 소중함과 도덕성의 회복, 소인의 퇴조가 있게 되면 개인이든 사회든 자연스럽게 회복되고 발전한다. 마치 좋은 학교를 졸업하고 취업의 기회가 열리듯 만사가 순조로이 발전을 한다. 이것은 우주의 법칙이다. 무능하고 억압적인 국가가 망하면 국민들에게는 자연스럽게 그 이익이 늘어난다.

마치 조선이 망하고 국민들이 신분제의 굴레와 경제적 억압에서 서서히 벗어난 것처럼. 순조로움의 시대가 진행되는 동안에는 마치 인공적으로 낸 도로가 장마에 무너지는 것처럼 그 동안 기득권을 누리던 상태들에게는 진리가 회복되는 재앙이 닥친다.

26) 크게 축적함

순조로움의 시기가 지속되면, 지식과 경제와 물산이 축적되는 시기가 된다. 크게 축적되면, 지위가 상승하고 오라는 곳이 많아진다. 축적된 실력으로 동서남북을 누비며 자신의 뜻을 펼칠 수 있는 바탕이 생기는 것이다. 힘으로 타인을 억압하는 것이 아니라, 진리와 문화로 남들에게 이익을 주는 것이 바른 도리이다.

27) 기르는 시기

지식과 경제와 물산이 축적되면 이를 바탕으로 자신을 길러야 한다. 무기가 있어도 쓰는 법을 알아야 하고, 지식이 있어도 펼치는 법을 알아야 한다. 재물이 있어도 쓰는 법을 알아야 한다. 그러므로 자신을 기르는 것이 필요하다. 사회가 자신을 기르는 방법에서 가장 중요한 것은 지도자를 잘 세우고 정도를 지키는 것이다. 개인이 풍부한 음식을 가지고 자신을 기르는 경우에도, 스스로의 의지로 좋은 음식을 바르게 먹는 것이 가장 중요하듯이, 스스로의 의지와 바른 자세를 지키는 것이 가장 중요하다. 하늘은 만물을 기르고, 성인(聖人)은 현자를 길러 만민에게 그 혜택이 돌아가게 한다.

28) 지나침의 시기

축적된 지식과 실력으로 자신을 기른 후에는 더 큰 세상에 나와 행동에 나서게 된다. 힘써 기른 자신의 능력을 세상에 내놓는 것이니 면접을 보듯 겸손하고 기쁘게 펼치는 것이나, 또한 자신의 지식과 실력만을 믿고 지나친 행동을 하기도 쉽다. 신입사원이 다 아는 것처럼 생각하고 기성세대가 무능하고 바보 같다고 생각하는 것과 같다. 실력은 충분하게 갖추었으나 아직은 완벽한 것이 아니다. 역(易)의 효사에는 "흰 띠풀을 써서 자리를 까니 허물이 없다"고 하였다. 공자는 "그냥 땅에 두더라도 괜찮은데, 흰 띠풀을 써서 자리를 까니 무슨 허물이 있겠는가? 삼가함이 지극한 것이다"라고 하여 이 시기에 삼가함의 중요성을 찬탄하였다. 삼가하지 못하고 지나침을 드러내면 물(어려움)에 빠져 정수리가 잠긴다고 하였다.

29) 함정에 빠지다

자신을 다듬지 못하고 지나침을 삼가하지 못하면 관습에 걸리고, 도덕에 걸리고 법률에 걸린다. 무리한 위반으로 걸리거나, 개발이익을 부정하게 챙겨서 걸리는 것이다. 이런 어려움에 빠진 시기에는 진리를 등불 삼아 자신의 마음을 굳세게 다듬어야 한다. 그리고 덕행에 힘써야 한다. 그래서 역(易)의 괘사에서는

"정성을 가지고 마음을 (진리에) 묶으면 행함에 따라 높아짐이 있으리라"고 하였다. 이 함정은 땅에서 비롯되는 어려움이다. 땅이란 재물, 소인, 여성을 상징한다.

30) 함정에서 나오기

관습에 걸리고, 도덕에 걸리고 법률에 걸린 어려움은 어떻게 극복할 수 있을까, 모두 자신이 어리석어서 생긴 일이다. 그러므로 유순한 자세로 바른 도리를 지키며, 진리를 얻고자 정진하여야 한다. 참된 진리를 구하지 않고 논리적이고 말초적인 지식에 의지하면 도리어 싸움꾼이 되어 어려움에 빠지게 된다. 여기서의 어려움은 하늘에서 비롯되는 어려움이다. 하늘이란, 지혜, 이념, 정치, 사상, 남성을 상징한다.

〈인간사회 변화의 기본 패턴〉

위에서 말한 생성변화의 기본 패턴은 만물의 변화원리를 기초로 비유적으로 말한 것이고, 아래에서는 인간사회와 같은 구체적인 현상계의 변화원리를 중심으로 정리해 보고자 한다.

먼저 인간사회의 형성의 과정을 보면
1) 하늘과 땅이 있은 후에 만물이 있게 되었고,
2) 만물이 있은 후에 남녀가 나타나게 되었고,

3) 남녀가 생긴 이후에 부부가 생겨나게 되었고,
4) 부부가 생긴 이후에 부모자녀 관계가 생겨나게 되었고,
5) 부모자녀 관계가 많아진 연후에 리더와 관료조직이 생겨나게 되었고,
6) 리더와 관료조직이 생겨난 이후에 상하 관계가 생겨나게 되었으며,
7) 상하 관계가 생겨난 이후에 예의질서가 생겨나게 되었다.

위와 같이 부부와 가정이 인간질서의 근본이지만, 오늘날 한국사회에서 국가가 가정을 대하는 태도를 보면 위와 같은 사회형성의 근본과정과 원리를 잊은 듯 보인다. 가정은 사회의 기본단위로 가장 존중하고 보호되어야 하지만, 정상적인 가정보다 한부모가정 결손가정을 우대하고, 이혼을 조장하는 듯한 재산분할제도와 이혼조장산업이 횡행하는 것을 보면 우리 사회는 근본에서 심각히 병들어 가고 있다고 생각된다. 논리만 횡행하고 무의식과 도덕성이 천대를 받는 사고방식 때문으로 생각된다.

앞에서 살펴본 30가지의 내용은 우주생성 변화의 기본 패턴이므로 하늘과 땅에서 시작하고 물과 불의 원리로 마쳤으나, 아래에서 정리할 변화의 34가지 기본 패턴은 우주변화의 패턴 중 기본적인 연관고리를 인간사회와 같은 구체적인 현상계에 관련하여 대유적으로 설명한 것이다. 인간사회와 같은 구체적인 현상계 변화의 기본 패턴이므로 남녀의 교감에서 시작한다. 한 단계씩 살펴보면 다음과 같다.

1) 남녀의 교감

땅에 펼쳐진 산과 연못이 교감하여 만물을 키워내듯 남녀는 자연스러이 교감하여 생활공동체를 형성한다. 남녀의 교제는 급하면 서로에게 해(害)가 되고, 예절과 절도가 없어도 서로에게 해가 되니, 남녀 교감에 오로지 중요한 것은 바른 도리와 예를 갖추는 것이다.

2) 책임에 좌우되는 항상된 미래

남녀가 만나서 서로 함께하는 것은 음양의 화합으로 천지조화의 순리에 따르는 것이다. 남녀의 결합은 천지조화의 순리가 영구히 이어지는 핵심적 과정이므로 이후의 순리는 이러한 남녀의 결합이 오래도록 이어져서 새로운 세대가 태어나고 길러서 또 영원히 이어지도록 하는 것이이다. 이렇게 남녀 음양의 교감과 작용이 무궁하게 항구적으로 이어지도록 하는 힘은 자연스러운 순리이고, 실제적인 항구적 지속은 인간본성에서 나오는 도덕성과 책임감에 바탕하고 있다. 정상적인 인간존재라면 함께하기로 한 자신의 짝에 대하여 책임감을 느끼고 또 최선을 다하여 상대를 위하고자 한다. 바른 도리에 머물러야 하는 것이다. 이러한 방식 이외의 남녀 관계에 대한 논리나 주장은 모두 천지의 이치에서 벗어난 것으로서 자신과 주변을 모두 불행하게 하는 단초가 될 수 있다.

3) 항상되던 것의 퇴조

무엇이든 영원히 항상되는 것은 없으므로 항상되던 것들도 어느 순간 환경의 변화에 따라 위협받기 시작하여 불가피하게 물러나야 하는 시기가 생긴다. 인간사에서 이렇게 무너지는 일은 모두 소인배들의 음모와 참언에서 비롯된다. 이러한 소인들이 대세를 장악하면, 처음에는 소인들의 확장을 단호하게 막아야 하지만, 대세가 기울게 되면, 군자는 세력과 도를 보전하고 후일을 도모하기 위하여, 적시에 지혜롭게 물러나야 한다. 현실에 심하게 얽힌 사람은 물러나는 것도 쉽지 않아 고통스럽지만, 지혜를 발휘해야 한다. 지혜가 없으면 물러나는 것이 지저분하기 쉽지만, 지혜있는 사람은 적시에 아름답고 멋있게 물러난다. 우리 사회에서 혼외출산이 일부에서 받아들여지고, 이혼이 늘어나는 것을 보면, 우리 사회가 퇴조의 시대로 접어드는 것으로 생각된다.

4) 나아가야 할 징조

퇴조의 시기에 지혜롭게 물러나서 도를 보전하고 실력을 기르고 있으면 어느 순간 다시 쓰임을 요청받는 시기가 온다. 소인이 득세하는 혼란의 시기가 무르익으면, 세상은 다시 올바름을 갈구하게 된다. 기업이 유능한 경영자의 소중함을 모르고, 측근이나 아첨꾼을 고용하여 어려움에 처하게 되면, 다시 유능한 경영자에게 손을 내밀 수밖에 없는 것과 같다. 실력자가 다시 쓰임을 요청받는 이유는 도(道)와 실력을 갖추었기 때문이다. 그러므로 자신의 가치의 바탕인 바른 도리를 지키는 것이 가장 중요하다. 그렇지 않으면 소인들의 농간에 파괴될 수 있을 것이다. 또한 아직 소인의 시대이므로 서두르고 경거망동하면 크게 흉한 일을 볼 수도 있으니, 당당하고 강한 자세를 갖는 것을 가장 경계해야 한다.

5) 나아가는 시기

나아가야 하는 징조가 더욱 짙어지면, 이제 실제로 나아가는 시기가 된다. 나아가는 시기가 되었다고 그냥 순조로이 나아갈 수 있는 것은 아니다. 반드시 과거의 상황이 어려움을 야기하기 때문에 사명감과 지혜를 써서 중도로서 나아가야 한다. 일정한 시기가 되면 모두가 따르리라. 그러나 사람들이 따르는 상황에 취하면 또 곤란함에 처하고, 주변의 소인배들에게 당하는 일이 생긴다.

6) 상처를 입음

앞으로 나아가는 일은 곧 상처를 입는 일을 동반한다. 성향이 다른 사람과 부딪치고, 소인배들에게 음해 당하고, 경쟁하는 사람과 다투게 되기도 한다. 때로는 이들에게 완전히 패배하여 암흑 같은 상황에 떨어지기도 한다. 어려움이란 뜻은 나의 생각이나 능력을 펼쳐낼 수 없는 상황이라는 것이다. 어려움을 잘 헤쳐 나가는 유일한 방법은 바른 도리를 지키며 잘 견뎌 나가는 것이다. 자신의 생각이나 능력을 적절히 감추고 때를 기다리며 나아가야 한다. 나아가되 상처를 이기고 자신을 잘 감추어야 하는 시기이다.

7) 가족의 소중함

밖에서 힘들고 상처를 입게 되면, 이를 보듬어 주고 치유해 주는 곳이 중요하게 된다. 힘을 얻고 회복할 수 있는 곳, 그곳의 대표적 상징은 가정이다. 가정을 이루는 주역(主役)은 여성이다. 여성이 도리를 따라 스스로의 범위를 정하고 그 범위 안에서 아이를 낳고 양육하여야 가정이 성립한다. 그러므로 가정의 성립과 유지의 가장 큰 기초는 여성의 바른 도리에 있다. 바른 도리란 예의범절과 가도(家道)를 익히는 것을 말한다. 물론 이러한 가정을 부양하고, 질서를 유지하고, 가정의 정신을 유지하는 것은 남자의 커다란 몫이다. 그러므로 근본적으로는 여성의 선택으로 만들어지는 가정이지만, 가정이 성립하고 유지되는 것에는 각자의 바른 역할이 잘 수행되어야 한다. 가정은 종합예술처럼 아버지는 아버지답고, 어머니는 어머니답고, 남편은 남편답고 아내는 아내답고, 자식은 자식답고, 아들은 아들답고, 딸은 딸다워야 한다. 말세의 특징은 이와 반대이다. 아버지가 아버지답지 않고, 자식이 자식답지 않고, 아내가 아내답지 않은 시대가 말세의 징조인 것이다. 그러므로 가정은 남녀가 각자 바른 도리를 가져야 성립하고 유지되는 것이다. 음양이 바른 도리를 가진다는 것은 천지대의(天地大義)와 동일한 것이며, 가정이 바로서면 곧 천하가 바로서는 것이다. 성인은 이러한 가정의 상(象)을 보고, 사람이 "말을 함에는 실질이 있게 하고, 행동을 함에는 항상됨이 있게 한다"고 하였다.

8) 틀어지고 깨어짐

각자가 각자의 자리에서 스스로의 도리를 다하면 천지대의가 실현되지만, 이러한 도리가 존중받지 못하고 천시되면 세상은 어긋나게 된다. 마치 남성이 여성의 정체성을 주장하고, 여성이 남성의 정체성을 주장하는 것과 같은 것이다. 도리가 틀어지고 어긋나는 이유는 작게 생각하기 때문이다. 성전환 같은 것도 개인적인 취향의 문제로 보면 뭐 그럴 수도 있는 것이다. 그러나 이러한 현상이 미화되고 과도해 지면, 사회의 모든 문제가 틀어지게 된다. 작게 보면 용인될 수 있는 일이 크게 보면 크게 해롭고 악한 일이 된다. 이렇게 세상이 어긋나고 틀어지는 원리는 음이 주도권을 쥐고 양이 아래에 처하며 둘이 화합하는 현상 때문이다(柔進而上行 得中而應乎剛 是以小事吉) 무능하고 부드러운 음이 주도권을 쥐고 음양이 화합하므로 작은 일은 이루어져 나가지만, 전체는 틀어져 종국에는 모두를 망치게 된다. 사회가 서서히 망해가서 갖은 해괴한 일들이 자연스럽게 보인다. 가치관이 틀어지고 문화가 타락하여서 남을 중상하고 비방하는 자들이 갖가지 선동을 할 수 있는 천국 같은 환경이 된다. 그러므로 주역 규괘 초효에서 "악인을 알아보면(알아보는 능력이 있으면) 허물이 없다"고 하였다. 문화가 타락하여 가는 것이 너무 자연스럽게 이어져가면서 이루어지므로 그 속에 있는 사람들은 서서히 물들어서 나쁜 것을 알아보기 힘들어지기 때문이다. 공산봉건집단의 혁명사상을 추종하는 반민족적 독립운동이 애국으로 보이는 상황과 같다. 사회가 이러한 상황에 처하면, 아래에 있는 서민대중이 할 수 있는 일은 별로 없다. 너무나 자연스럽고 교묘하게 사상적으로 제도적으로 서서히 타락해 버렸기 때문이다. 밝은 눈과 지혜를 가진 지도층들이 맹렬하게 투쟁해야 하는 시기이다.

9) 혼란의 시기

위와 같이 모든 일이 어그러지는 시기가 심화되면 가로막고 방해되는 어려움에 닥치는 시기가 온다. 이러한 시기라면, 당연히 어려운 일은 새로 시작하지 않아야 하고, 하던 일 중에 어려운 일이 있으면 줄여야 한다. 멈추어야 할 것을 멈출 줄 아는 지혜가 가장 필요한 때이다. 그리고 이러한 시기에는 도움이 될 수 있는 사람을 찾아야 한다. 어려운 시기라고 포기할 필요는 없다. 가장 어려움이 극심한 때에는 다시 솟아날 구멍이 생긴다. 이는 우주의 이치이다.

10) 해빙의 시기

혼란스럽고 어려운 시기가 언제까지나 계속되지는 않는다. 혼란의 시기가 절정에 달하면 도움의 손길이 다가오기도 하고, 또 어려운 상황 자체가 변하기도 하여 어려움이 해소되는 시기가 찾아온다. 차츰 쉬운 문제부터 하나씩 접근하여야 한다. 바닥까지 떨어져 봤기 때문에, 깨우친 바도 있다. 그러나 바른 도리로 민첩하게 움직여야 한다. 남들보다 빨리 움직여야 사람들이 알아준다. 어려움을 겪고도 남들보다 느리면 어떻게 어려움을 헤쳐 나가겠는가?

11) 위로 충성

성장하고 발전하기 위해서는 먼저 주어야 한다. 내가 가진 것을 덜어서 줄 수도 있고, 노력이나 지혜로서 타인을 도울 수도 있고, 올바른 도리를 따라서 좋은 곳과 함께 할 수 있다. 바른 뜻과 도리가 있으면 타인의 마음을 얻을 수 있다. 특히 위로 충성을 다하는 것은 인간사회의 근본 도리이다. 위라는 것은 지혜를 가지고 다수에게 이익을 주는 자란 뜻이기 때문이다.

12) 봉사와 반성

사람의 생활관계에서 아래에 처하여 위를 향하여 봉사하고 충성하는 측면이 있다면, 위에 있으면서 아래로 베풀고 보살피는 측면도 있으니, 위에서 베풀면 누구나 좋아하고 따르게 된다. 의로움을 버리고 이익만을 좇아 마음에 항상됨이 없으면 반드시 해롭게 하는 자가 나타난다.

13) 깨어짐(會者定離)

　어려움에 벗어나서 이익이 생기는 시기가 지속되면 크게 차오른다. 이익이 한 곳으로 모여 크게 성숙하면 반드시 깨어짐이 있다. 물질이 차서 깨어짐이 생기는 것보다. 권력이나 에너지가 차서 깨어지는 현상이 훨씬 빠르다. 이익을 추구하는 과정에서 무리한 행위를 한 것이나, 권력을 얻는 과정에서 무리한 행위를 한 것들이 한꺼번에 터지면서 크게 손상이 될 수 있다. 다 바른 도리를 지키지 못한데서 오는 것이다. 만약 항상 바른 도리를 지키면서 노력하여 온 사람이면 축적한 실력으로, 사악하거나 무능한 세력을 몰아내고 주도권을 쥔 주인이 될 수 있다. 마치 혁명을 한 권력자처럼 자신의 시대를 열어갈 수 있다.

14) 만남과 유혹

　손상되고 부서진 것은 또다시 채워지게 되는 원리가 있다. 무언가를 다시 만나게 되는 것이다. 사람이 무언가를 만난다는 것은 유혹된다는 것이다. 물건이 맘에 들던지, 사람이 매력적이든지 어떤 형태든 마음을 유혹하는 것이다. 마음을 유혹하는 것은 함부로 취하면 안된다. 특히 유혹하는 여자를 취하여서는 안된다. 함께 오래 할 수 없기 때문이다. 유혹하는 것이 나타나면 사방에 알려 의견을 들어야 한다. 새로운 현상이 나타나는데도 무감각하면 시대에 뒤처지게 된다.

15) 모여듦

유혹하고 만나면, 모여드는 원리가 있다. 물론 유유상종, 비슷한 부류끼리 모인다. 사람을 모이게 하는 데는 미끼를 쓰는 경우가 많다. 옛날의 정치에서는 백성들의 관심과 마음을 모으는 미끼로 커다란 소와 같은 희생물을 잡아서 크게 제사를 지냈다. 요즘은 사람을 모으는 미끼로 큰 정치 이슈를 만들어 사용한다. 사람을 모이게 하는 데 가장 큰 핵심은 중심이 되는 지도력과 지도자의 바른 도덕성이다. 사회가 타락하면, 타락한 군중들로 인하여 악한 정치를 하는 지도자에게도 사람이 모여드는 경우가 생기는데, 일시적으로 그 역할을 다하면 소멸할 수밖에 없다. 사람이 모여들면 예측하지 못하는 일이 일어날 수 있다. 그러므로 지도자는 이러한 예기치 못한 일을 헤아리며 미리 대비하여야 한다.

16) 모여들면 상승한다

모이면 힘이 생기고 힘이 생기면 성장한다. 지위가 올라가고, 물리적으로도 올라가서 커진다. 이렇게 힘이 생겨서 능력을 펼칠 때는 가장 중요한 것이 방향과 방법이다. 경험과 지혜를 가진 분의 지도를 받는 것이 매우 중요하다. 생긴 힘을 인위적으로 망령되게 사용하는 것은 재앙을 부르는 일이다. 진취적으로 임하되 순리에 따라 순하고 자연스럽게 처신하여야 한다.

17) 곤란함이 찾아 옴

힘이 생기고 성장하여 능력을 펼쳐 나가면 반드시 곤란하게 되는 일이 생긴다. 곤란함에 처하게 되는 주요한 이유는 무리한 대출로 사업을 일으키는 것과 같이 자제하거나 멈출 줄 모르기 때문이다. 눈앞의 이익과 기쁨을 좇아 정신을 못 차렸기 때문이다. 모두 지혜의 부족에서 생기는 것이다. 이 단계에 온 이유는 말부터 먼저 앞세웠거나, 말을 하여도 신뢰를 얻지 못하게 된 때문일 수 있다. 어려움에서 벗어나는 방법도 바른 도리를 굳게 지키는 것이다. 뉘우치고 돌아보는 것이 곤란함에서 벗어날 실마리가 될 것이다.

18) 아래로 내려가 힘을 기름

위로 올라가다가 곤란함에 빠지면 어쩔 수 없이 내려오게 된다. 바닥으로 추락하면 선택의 여지가 좁아진다. 지금 이 자리가 나의 최소한의 자리이다. 지극히 바닥으로 떨어지면, 어쩔 수 없이 도움 받을 곳, 기댈 곳이 필요하다. 기댈 곳이 전혀 없다면 참으로 딱한 노릇이다. 개인적으로 또는 가문적으로 업보가 쌓인 때문이라 할 수밖에. 그렇다면 목숨을 걸고 스스로 노력하는 수밖에 없다. 자신의 허물을 없애고 스스로가 쓰일 수 있는 인재임을 증명하여야 한다. 이러한 시기에서 자신을 잘 다듬어 다시 성장한다면 만인이 필요로 하는 위대한 사람이 될 것이다.

19) 다음 단계로 질적으로 발전함

올라가다 추락하여 자신을 돌아보며, 스스로의 허물을 없애고 실력을 길러 다시 재기를 하였다면, 이제 자신이 발전하여 갖춘 새로운 능력을 드러내게 된다. 그러나 자신의 나쁜 점을 없애거나, 사회의 나쁜 제도를 개혁하는 것은 급격하게는 되지 않는다. 혁신이라는 것은 충분히 에너지가 축적된 후에 가능한 것이다. 축적된 힘으로 자연스럽게 되는 것이다. 개인의 치명적 결점도 큰 어려움을 겪은 후에는 고쳐질 수 있고, 사회의 큰 결점도 국민이 큰 고통을 겪은 후에는 고쳐질 수 있다. 그러므로 혁신을 하는 것은 충분히 실력을 쌓고 때가 무르익기를 기다려 실행하여야 한다. 새로운 단계로 진입하였다면, 다시 조심하면서 서서히 나아가야 한다.

20) 폭발적으로 발전함

새로운 단계로 발전한 상태에서는 그 지위에 맞는 역할을 하여야 한다. 발전의 결과로 얻은 지위이니 새로운 시대의 소임을 바른 도리로서 다하여야 한다. 이러한 소임을 다하면 폭발적으로 성장한 새로운 시대를 누릴 수 있다. 새로운 환경이 아직 안정되지 않았다고(혁신과 혼란의 시기라고) 분수를 모르고 행동하는 일이 없도록 조심하여야 한다. 공자는 이런 상황에 대하여 이렇게 말씀하였다. "덕(德)은 낮은데 지위는 높으며, 지혜는 적은데 꾀하는 것은 크며, 힘은 적은데 소임이 무거우면 화(禍)에 미치지 않을 이가 적으니, 역(易)에 가로되 '솥발이 부러져서 공의 밥을 엎으니, 그 얼굴이 젖어 흉하다'라고 하니, 능력이 그 책임을 이기지 못함을 말한 것이다"117)

21) 주인으로 떨쳐 일어남

진리를 체득하고 실력과 경륜을 갖추어, 크게 존재하니 그 존재가 천하에 드러나게 된다. 역(易)에서는 이러한 상태를 "우레가 두렵게 치니, 웃는 말이 있다. 우레의 놀라움이 백 리에 뻗치나 숟가락과 술을 놓치 않는다"라고 하였다.
개인이나 집단의 영향력이 크게 떨치는 상황이므로, 스스로 두려워하고, 자신을 돌이켜 반성하고 끝없이 수양하여야 한다.

22) 멈춤

떨쳐 일어나 펼쳐냄은 언젠가는 멈춤에 이른다. 저절로 멈춤에 이르기도 하지만, 지혜로운 자는 때를 살펴 멈출 때 멈추고, 행동을 할 때를 살펴 행동을 한다. 움직이고 멈춤에 때를 잃지 않아야 한다. 멈추어야 하는 이유는 응하는 상대가 호응하지 않기 때문이다. 그러므로 이러한 때에는 직위가 주어져도 응하지 않는다. 멈출 때도 움직일 때도 순리에 어긋나지 않는 것이 중요하다.

---

117) 계사전(하) : 德薄而位尊, 知小而謀大, 力小而任重, 鮮不及矣. 易曰:「鼎折足, 覆公餗, 其形渥, 凶」言不勝其任也.

23) 다시 움직임

세상을 살아가다 보면 속도를 조절해야 한다. 잠깐 멈추었으면 다시 때에 맞추어 움직여야 한다. 움직이기 시작할 때는 때에 맞추어 바르게 움직여야 한다. 움직임이 공손하면 움직임에 궁색함이 없다. 그러므로 진리와 덕을 갖추어 천천히 서두르지 않음에도 주변을 교화시킨다.

24) 움직이는 방향은 목적이 있음

여성이 성인이 되어 시집을 가듯, 인생의 여정은 어떤 방향과 목적지가 있다. 사람은 행동을 하며 살며, 그 행동은 대체로 어떤 경향과 방향성을 띤다. 그런데 이러한 행위를 하면서 욕심이 앞서거나 무지하거나 성급하여서, 마땅한 자리나 도리를 그르치면 반드시 끝에 좋지 않은 결과가 온다.

25) 자리를 잡으면 풍요로워짐

밝은 지혜로 움직이니 풍요로워진다. 풍요로워지면 허례허식이 점차 성해지고, 정신적 측면이 어두워 질 수 있다. 풍요로 정신적으로 어두워지면 사람들은 삶의 의미를 찾지 못하게 되기 쉽다. 이러한 풍요의 때에 진정한 정신적 밝음을 얻어서 펼칠 수 있다면 한 단계 더 나은 세상, 한 단계 더 높은 사람으로 변혁될 수 있다. 그러나 인간의 본성은 그렇지 않은 듯하다. 풍요한 사회는 반드시 타락하는 것만 같다. 하늘을 찌르는 건물에 사람이 없게 되리라 하였으니.

26) 풍요로우면 한 곳에 머물지 않는다

기업이 점점 커져서 대외무역을 하고 글로벌 비즈니스를 하는 것처럼, 국력이 성장하여 이웃과 세계로 진출하는 것처럼, 풍요로워져서 성장하여 커지게 되면, 한 곳에 머물지 못하고 움직이는 일이 있게 된다. 새로이 접하는 곳은 각각 그 지역의 법과 문화가 있고, 새로이 접하는 영역은 고유한 암묵적 지식과 경험이 필요하다. 움직일 때는 적시에 적소에서 적절한 행동을 해야 한다. 그러므로 움직이면 화를 당하기 쉽고, 자신이 이룬 것을 결국에는 잃어버릴 수도 있게 된다.

27) 겸허한 상태가 됨

한때 크게 성공을 하였지만, 더 큰 성공을 위하여 새로운 것을 찾다가, 뜻밖의 사건 등으로 크게 잃어버리게 되면, 다시 겸허한 자세가 될 수밖에 없다. 이때는 겸허한 자세로 가르침을 구할 선생을 찾아야 한다. 겸허하고 착한 태도는 곧 도덕과 문화를 존중하고 따르는 것이니, 여성의 도리에 가깝다. 이러한 순하고 겸허한 태도는 곧 진리를 존중하는 것이고, 신의 뜻을 세상에 펼치는 것이다. 이러한 태도로 임한다면 어디에서나 받아들여 질 수 있다.

28) 기쁨을 얻음

순하고 바르고 겸허한 자세로 임하면, 어디에선가 원하는 곳에서 받아들여지게 되고 기쁘게 된다. 기쁨을 구하는 일은 인간의 지성적 감성과 정성의 바탕 위에서 추구하여야 한다. 주체적인 정성과 자각이 없이 오로지 휩쓸리며 부화뇌동하며 기쁨을 추구하는 것은 흉한 일을 부르는 것이다. 도리와 지성으로 기쁨을 추구하면 오래가고 즐겁지만, 도리를 벗어나고 감성으로 기쁨을 추구하면 크게 해롭게 된다.

29) 얻으면 떠나야 하는 처지가 된다

어디에선가 용납되어 성장하여 기쁨을 누렸으면, 이제 다음의 사람들에게 자리를 양보해야 할 수도 있다. 너무 나태했기 때문이다. 그러나 그 기쁨을 더 유지하고 싶은 생각은 어쩔 수가 없다. 그러므로 기존의 상태를 유지하려고 마지막 노력을 하게 된다. 이씨 집안이 조선왕으로서의 기득권을 지키기 위하여 환구단을 짓고 하늘에 제사를 지내고 황제 독재를 보장한 대한제국을 선포한 것처럼, 정년퇴직 대상자들이 정년연장을 요구하고 촉탁직 계약으로 근무기간 연장을 요구하는 것처럼, 인수합병을 반대하는 노동조합이 연대투쟁을 하는 것처럼, 기득권을 유지하기 위하여 최후의 노력을 하게 된다. 그러나 이러한 상황에 오게 된 상황은 물밀 듯 밀려오고 있는 상황이다. 어떻게 대처하느냐에 따라 상황을 돌릴 여지도 있지만, 이런 상황으로 내몰리기까지 방심하고 태만히 한 자가 이러한 상황을 돌이키기는 쉽지 않을 것이다.

30) 떠나간 것은 다시 머무는 곳이 생긴다

기쁨이 있는 곳에서 축출되어 떠난 것은 사라지거나, 어디에선가 다시 머물게 된다. 어디에선가 머물게 되려면 떠돌이가 된 근본원인을 찾아 개선해야 한다. 다시 의욕을 가지고 험난한 현실을 헤쳐 나가야 하니, 너무 힘에 부치는 것을 추구하면 그대로 망하고 소멸할 수 있다. 그러므로 무리하여서는 안된다. 중도와 정도를 갖추는 것이 중요하며, 처지를 알아서 신중함을 갖추는 것이 무엇보다 중요하다.

31) 완성된 존재는 믿음을 준다

중도와 정도, 신중함을 쓰는 존재로 성장한 사람은 이제 사람들로부터 신뢰를 얻게 되고 정성을 주고 받는 존재가 된다. 이제 덕을 갖추어 너그러이 용서도 할 수 있는 능력을 갖추었다. 만인을 이롭게 할 수 있는 존재가 될 수 있으니, 이러한 뜻을 함께 펼칠 수 있는 큰 사람을 찾는 것이 필요하다.

"중부괘 2효에 대해 공자 설명하시길, 군자가 집안에서 말을 하여도 선한 말을 하면 즉, 천 리 밖에서도 응함이 있는데 하물며 가까운 곳은 어떻겠는가? 군자가 집에서 선하지 못한 말을 한다면 즉, 천 리 밖에서도 거부함이 있을 것이니 하물며 가까이 있는 사람은 어떻겠는가? 몸에서 말을 내어 사람들에게 닿게 하며, 가까운 곳에 행동을 하여 먼 곳에 보이는 것이니, 말과 행동은 군자의 기틀이며, 기틀을 행하는 것이 영광과 치욕의 주가 되는 것이다. 언행은 군자가 천지를 움직이는 방법이니 삼가지 않을 수 있겠는가?"

32) 믿음이 바르지 않은 자는 망녕된다

사람이 중도와 때를 알지 못하면 행실이 과실(過失)이 된다. 지혜가 부족하고 의심과 음기가 과한 때문이다. 이런 사람은 큰일을 도모하는 것은 불가능하고, 작은 일이나 겨우 하는 사람이 된다. 제때에 움직이지 못했으니 마땅히 과감해서는 안된다. 오직 상황에 따라 부득이한 경우에 시의에 맞게 하여야 할 경우에만 겨우 이런 행동도 할 수 있을 뿐이다.

33) 완전한 상태

작은 허물을 일삼으면, 허물을 반듯하게 고치라는 압력에 처하게 된다. 그리고 이러한 허물을 고치고 노력하면 최고의 경지에 도달할 수 있다. 이 세상은 물질의 몸을 입은 물질의 세상이라, 반듯하게 자신의 분수를 지키고 신중하게 중도와 정도에 머무는 삶을 행하는 사람은 공부와 수양을 거친 사람이다. 또 물질 세상의 혼란한 변화는 어떤 상태에 영구하게 머무는 것을 늘 위협한다. 그러므로 지도자는 현재의 안정되고 반듯한 현실에서도 미래에 다가올 어지러움을 예상하고 그 예방에 힘쓰는 것이다. 편안하고 안정된 현실은 사람을 타락시켜 혼란을 불러오기 쉽다. 흔히 창업보다 수성이 힘들다고 하지 않는가?

34) 물질계는 혼란을 향하여 움직인다

편안하고 안정된 시간은 그 시간의 경과만으로도 감각을 무디게 하고, 도덕의 효용을 느끼기 어렵게 한다. 안정되고 평화로운 시간의 경과는 전쟁의 참상을 잊게 하고 평화의 소중함을 모르게 한다. 우리가 살고 있는 세계는 늘 변화하며, 정돈되고 안정된 상태에서 혼란되는 상태로 이행한다. 엔트로피[118]는 증가하는 것이다. 이러한 시기에 전쟁이 일어나고, 파괴가 진행되는 것이다. 이러한 엔트로피의 증가를 막고, 혼돈을 질서로 바꾸는 것은 오로지 의식과 생명 현상뿐이다. 그러므로 사람의 의식에 지혜를 불어넣어 주는 자연 진리가 중요한 것이고, 우주의 작용원리를 압축적으로 개념화한 도덕이 중요한 것이다. 위대한 영혼이 영웅이 될 수 있는 시대이기도 하다.

질서에서 무질서로 가는 과정은 흔히 방심과 자만심이 큰 역할을 한다. 밝은 눈으로 살피고 바른 위치와 분수에서 벗어나지 않는 안목이 가장 중요한 때이다. 비슷한 것 같지만, 양이 주인이 되어 음과 작용하는 것은 질서로 가고, 음이 주인이 되어 양과 작용하는 것은 무질서로 가는 것이다.

---

[118] 유용한 에너지가 손실되는 것, 무질서 등으로 번역되기도 한다.

8. 점(占)과 역(易)의 원리를 생활에 적용한 사례

앞에서 설명한 내용처럼 주역을 이용한 점(占)이 사고실험(思考實驗)으로서 과학적 시뮬레이션이고, 점(占)의 결과인 괘상(卦象)이 인간의 무의식과 근본세계의 상호작용에 의해 시공을 초월한 우주법칙을 반영하여 우리의 현실세계에 동시적으로 나타나는 것이라면, 경험적으로 그러한 면을 인정할 수 있는 임상적 사례가 어느 정도인지, 충분한 지를 살펴 볼 필요가 있다. 이번 장에서는 점(占)과 관련된 역사적 사례를 살펴보고자 한다. 춘추와 같은 역사서에 기록된 점을 친 사례들을 소설이나 꾸며낸 얘기로 취급하는 견해도 있으나, 그렇다고 하여도 점을 해석하는 요령 내지 방법에 대한 가치의 측면에서는 의미가 있다고 할 수 있다.

점과 관련하여 남아 있는 기록 중에서 가장 오래된 기록은 은나라 갑골문이다. 갑골문은 은나라의 점괘를 기록한 거북 껍질에 새겨진 기록으로서 홍산문명의 문자와 많은 유사성을 보이고 있다고 한다. 점을 치는 방법이나 문자의 형태 등으로 미루어 볼 때 은나라는 홍산문명이 서남쪽으로 이동하여 간 것으로 추정된다. 홍산문명은 동쪽으로도 진출하여 아메리카 대륙으로도 진출하였다. 그 증거가 발견되어 언론에서 기사로 보도되었다.[119)120)]

---

119) 연합뉴스 2017. 3. 6 "동이족 상형문자 북미대륙서 여럿 발견… 미 대륙 진출 증거.

가. 상나라 시대의 점단 사례[121]

① 출산에 관한 점복 사례
- 복(卜)을 하여 정인 쟁이 묻습니다. 왕비 부정이 출산을 하는데, 순산을 하겠습니까?
- 왕이 점괘를 보고 해석하기를 장차 경(庚)일에 출산을 하는데, 순산을 할 것이다.
- 부정(왕비의 이름)이 열흘 뒤인 신(辛)일에 출산을 했다, 순산을 했다.

② 기장을 언제 심어야 할까요?
- 점을 쳐 묻습니다. 소신이라는 관리에게 명하여 주민들로 하여금 기장을 심도록 할까요?
- (점괘가 나오기를) 1월달에 심어라.

③ 오늘 시찰을 해도 될까요?
- 왕의 시찰에 대하여 오늘 임술일에 점을 묻습니다. (점으로 하늘이 계시하여) 내려 주신 날은 계해일에 코끼리(나라?)를 살피도록 날을 내려 주셨다.

'존러스캠프 박사 갑골문자 113자 발견해 증거로 제시' 기사 참조.
120) 동아일보 2009. 9. 23 "아메리카 인디언문자 갑골문자와 닮은 점 많아" 기사 참조.
121) https://www.youtube.com/watch?v=tZXIQoOQgIU YouTube EBS Documentary, "3000년 전 거북이 배에 적힌 고대문자 해석해 보니 드러난 전설 속 나라"의 내용 중 사례 요약.

④ 날씨 점
- 병술일에 점을 쳤다. 3일 내에 비가 올 것이다. (丙戌卜三日雨)
- 정해일에 엄청난 집어 삼키는 비가 왔다(丁亥隹大食雨) 「合集 20961」[122]

상기와 같이 은나라에서 이루어진 점(占)은 일상생활에 불확실한 앞날의 모든 문제를 점에 의존하여 해결해 나갔으나, 점(占)과 우주자연에 대한 이해가 융합된 부분은 아직 발견되지 않아서 문화적 관점에서의 가치는 낮은 단계에 속한다고 생각된다. 그러나 은나라에는 귀장역이라는 역학체계가 있었고, 귀장역도 점(占)에 사용되었을 것이므로 점복(占卜)과 귀장역 등 역학과의 관계에 대한 글이나 유물이 발견된다면 크나큰 철학적 연구분야가 될 것으로 생각된다.

나. 춘추좌씨전의 점(占)을 친 사례

홍산문명이 일어난 고조선의 변방 바깥에서 벌어진 춘추시대는 힘과 모략과 명분으로 치열한 싸움을 하며 나라가 생기고 망하는 크게 어지러운 시기였다. 임금도 신하를 선택하지만 신하도 임금을 선택하는 극심한 변동의 시기였으며, 치열하게 미래를 설계하고 대응하지 않으면 몸을 보전할 수 없는 혼란의 시기였다. 이러한 시대에 있어서 점(占)은 절대적인 도구였던 것 같다.

---

[122] 김미성, "'大'와 '小'의 자형 분석과 그 확장의미 고찰" 中國語文學 第84 (2020. 輯8), 124쪽.

주역의 10익을 편찬한 공자가 살았던 시기에 기록된 점(占)에 관한 사례와 이론이므로 역사적으로도 가치가 있고, 춘추가 4서5경의 하나에 해당하는 경전123)이므로 학술적 가치도 크다고 생각된다. 역을 공부한 이후에 이 사례들을 보면 크게 도움되는 바가 있으리라 생각된다. 다만, 아래 내용은 춘추좌씨전의 원문을 충실하게 번역한 것이라 좀 자연스럽지 못한 부분이 있다.

① 진나라 여공 아들의 어릴 때의 인생 점(장공莊公 22년의 기록)

진(陳)나라 여공(厲公)은 아들 완(完)이 어릴 때에 주나라의 사관(周史)이 방문을 하자 아들 완(完)의 운명에 대하여 점을 쳐줄 것을 부탁하였다. 주사(周史)는 점을 쳐서 풍지관괘가 천지비괘로 변하는 관지비(觀之否)괘를 얻었다. 동효인 4효의 효사는 "觀國之光, 利用賓于王(나라의 빛을 본다, 왕의 손님이 됨이 이롭다)"이다.

주사는 이를 해석하여

"효사에 나라의 빛남을 보니 왕의 손님이 됨이 이롭다고 하였습니다"라고 말하자,

여공(厲公)은 "(자신의 아들 완이) 진(陳)나라를 대신하여 나라를 얻는다는 것인가?"라고 묻자,

주사(周史)는 "이 나라(陳)가 아니고 다른 나라입니다. 아들 자신이 아니고 그 자손입니다. 빛이란 멀리서 다른 곳으로부터 와서 빛이 나는 것입니다. 곤(坤)이란 흙입니다. 손(巽)이란 바람입니다. 건(乾)이란 하늘입니다. 바람(風)이 흙 위에 있어서 하늘로 변하였으니, 산(山)입니다.124) 산을 이루는 재료들이 있고 빛이 있으니,

---

123) 경전이라고 불리는 이유는 일반적으로 그 내용에 오류가 없다고 믿기 때문이다.

하늘의 빛남이 땅위에 있는 것이니 그래서 "觀國之光, 利用賓于 王(나라의 빛남을 보니 왕의 손님이 됨이 이롭다)"이라고 한 것입니다. 뜰에 재물이 가득하고 옥과 비단으로 봉양을 받으니 천지의 아름다움이 갖추어진 것입니다. 그러므로 왕의 빈객이 됨이 이롭다고 한 것입니다.

관(觀)괘에는 멀리 봄이 있기 때문에 후손이라 하였습니다.

바람이 불어서 흙이 위에 드러나므로 타국에 있다 하였습니다.

만약 다른 나라에 있다면, 필히 강씨 성일 것입니다. 강씨는 큰 산악 너머에 있습니다. 산악은 하늘의 짝이 됩니다. 세상의 물정은 둘이 동시에 큰 세력을 가질 수는 없습니다. 그러므로 진나라가 쇠퇴한 후 그 다른 나라가 있게 되는 것입니다."

훗날 과연 진나라 여공(厲公)의 아들 완(完; 성은 진(陳), 시호는 경중(敬仲))이 국내에서 일어난 난을 피해 제나라로 도망을 갔는데, 제나라 환공이 공정(工正)의 직책을 주어 신하로 삼았다. 완(경중)의 후손 전성자(田成子)는 성을 진(陳)씨에서 전(田)씨로 바꾸고 온갖 계략으로 제나라를 찬탈하였다.

혹자는 위 점례가 어떻게 저렇게 맞출 수가 있는가에 대하여 여공(厲公) 후손의 제나라의 찬탈을 정당화하려고 제나라의 정권을 장악한 전성자 측이 꾸민 것이 아닌가 라는 견해도 있다. 전성자(田成子)가 BC476년에 제나라의 정권을 실질적으로 장악했다고 하는데, BC551~BC491년에 활동한 노나라의 공자가 당시 기

---

124) 손(巽)괘에는 높다는 뜻이 있다. 높은 흙이니 산으로 풀이를 한 듯.

준으로 아직 일어나지도 않은 전성자의 제나라 찬탈을 미화시켜
줄 수는 없는 것 같다.

② 태자가 즉위할 수 없음을 미리 알다(민공閔公 원년 屯之比)

민공 원년(기원전 661년)에 진후(晉侯) 헌공(獻公)이 군을 둘로 나누어 공(公)이 상군을 거느리고, 태자(신생)가 하군을 거느리고 조숙과 필만(畢萬)의 조력을 받아 경(耿)나라, 곽(霍)나라, 위(魏)나라를 침략하여 멸망시켰다. 돌아와서 태자를 위해서는 곡옥이라는 곳에 성을 쌓고, 조숙에게는 경나라를 하사하고 필만에게는 위나라를 하사하였다. 진(晉)나라의 정치가인 사위(士蔿)가 말하기를 "태자는 임금에 오르지 못할 것입니다, 도성을 나누어 경(卿)으로 임명을 했으니, (태자 보다) 먼저 지극한 정상에 올랐으니 어찌 태자가 임금의 지위에 오를 수 있으리요. (태자는) 도망을 가서 죄인이 되지 않는 것이 나을 것이다. 오나라 대백도 그리하였는데 못할 것인가? 오히려 명예가 있을 것이니 그리하여야 한다. 또 속담에 이르기를 마음에 허물이 없으면 집안이 없는 것을 걱정하겠는가? 하늘이 태자를 돕는다면 진(晉)나라가 없어지겠는가?라고 하였다.

복언(卜偃)이란 사람이 말하기를 필만(畢萬)의 후손이 반드시 커지리라, 萬(만)은 가득 찬 숫자이고 필만이 얻은 위(魏)125)는 큰 이름인데 이(나라)를 시작하는 상으로 내렸으니 하늘이 열린 것이다. 천자는 백성을 조민(兆民)이라 하고 제후는 백성을 만민(萬民)이라 하는데, 지금 이름도 크고 가득 찬 숫자까지 따랐으니 반드시 무리(衆)를 얻을 것이다. 처음에 필만이 우리 진(晉)에 벼슬을 하고자

---

125) 나라 이름의 뜻 외에도 높다, 좋다, 빼어나다 등의 뜻이 있다.

점을 쳤을 때 수뢰둔이 수지비로 변하는 둔지비(屯之比)괘를 얻었는데, 둔(屯)은 단단한 것(固)이고, 비(比)는 들어오는 것이니 (진나라의 벼슬길에 굳세게 들어오는 것이니) 길하지 않은가? 반드시 번창하리라. 진괘는 땅이 되고, 수레는 말을 따르니 족히 (진나라에) 머물 만하다. 형은 이끌어 주고, 어머니는 덮어 주고, 사람들은 의지하고, 여섯 몸은 바뀌지 않으니 합하여져서 능히 단단해 진다. 안전하고 능히 죽이니 공후(公候)의 괘(卦)이다. 공후의 자손이니 반드시 그 시작으로 돌아가리라 라고 하였다.

과연 4년 뒤인 헌공 12년(기원전 665년), 여융 정벌에서 얻은 애첩 '여희'가 아들 해제(奚齊)를 낳자 헌공은 해제를 사랑하여 태자 신생을 폐하고자 하는 마음이 있었다. 헌공 21년(기원전 656년), 여희가 태자 신생에게 태자의 친모인 제강에게 제사를 드리고 그 제사의 고기를 헌공에게 바치게 했는데 헌공이 사냥 나간 사이에 그 고기에 독을 쳤다. 헌공이 태자 신생이 준 고기에 독이 든 것을 알고 분노하여, 태부 두원관을 주살하고 태자에게 자결을 명하자, 태자 신생은 곡옥 신성으로 달아나 12월 무신일에 자결했다. 여희의 아들 해제도 헌공 26년(기원전651년)에 헌공이 죽자 그해 9월에 14살의 나이로 즉위했으나 정식으로 등극도 하지 못하고 다음달인 10월 헌공의 장례식에서 대신 이극이 보낸 자객에게 죽임을 당했다. 여희도 같은 해 11월에 이극이 일으킨 정변이 성공하고 죽임을 당하였다.

③ 환공의 아들 성계(成季)가 최고의 권력을 가질 것을
　　미리 알다(민공(閔公) 2년(BC 660년)의 기록, 遇大有之乾)

성계(成季)의 본명은 계우(季友)이다. 춘추시대 노 장공(魯 莊公)의 동생이다. 성계가 태어나기 전에 환공은 복초구의 아버지를 시켜 점을 치게 하였는데, "남자아이이고 이름은 우(友)라고 말하고, 환공의 오른팔이며 양사(兩社) 사이의 공실(公室)에서 보필할 것입니다. 계씨가 망하면 노나라는 번영할 수 없게 됩니다"라고 말하고 서점(筮占)을 치자 화천대유가 건괘로 변하는 대유지건(大有之乾) 괘를 얻었다. 그리고 말하기를 "(화천대유의 5효가 변하여 건괘로 되었으므로) 아버지로 회복하여 임금과 같이 존경을 받습니다"라고 하였다. 성계가 태어나자 손에 우(友)라는 무늬가 있었으므로 그에 따라 이름을 지으라 명하였다.

노나라 궁실에는 제사를 지내는 두 곳의 제단(社)이 있었는데 그 중간에 집정대신이 정무를 보는 공실(公室)이 있었다. 그러므로 '양사(兩社) 사이의 공실에서 보필한다'는 말은 노나라 최고의 권력을 가질 것이라는 표현이다.

계우는 후에 장공의 명을 받아 형인 숙아를 독주로 죽이고 반(般)을 군주로 세웠다. 민공(閔公)에 이은 희공(僖公) 원년(BC 659년)에 성계는 문양과 비 두 읍을 봉토로 받고 재상이 되었다[126].

④ 혼인의 길흉을 미리 알다(희공僖公 15년(BC 645년) 遇歸妹之睽)
진(晉)나라 헌공(獻公)이 딸 백희(伯姬)[127]를 진(秦)나라 목공(穆公)에

---
126) 사기(史記) 세가(世家) 권33. 魯周公世家.
127) 목공에게 시집갔으므로 목희(穆姬)라고도 부른다.

시집을 보내고자 시초점을 치게 하여 뇌택귀매가 화택규로 변하는 귀매지규(歸妹之暌)괘를 얻었다.

사소가 점을 해석하여 말하기를 불길합니다. "사내가 양을 찔렀는데 피가 나지 않고, 여자가 든 광주리에는 선물이 없습니다. 서쪽 이웃을 책망하고도 보상을 받을 수 없다. 귀매지규는 상대가 없음과 같다", "진괘가 리괘로 변하는 것은 역시 리괘의 진괘요, 우레가 되고 불이 되니 영(嬴)이 희(姬)를 패배시키게 됩니다. 수레의 축이 빠지고 깃발이 불에 타며, 군대를 보내기에도 불리하고, 종구(宗丘)에서 패배하리라, 귀매(歸妹)와 규(暌)는 외로운 것인데 도둑이 활을 당기고 여조카가 고모를 따르다가 6년에 도망을 가리라, 도망을 가서 나라로 돌아와 그 집안을 버리리라. 그 다음 해에 고량의 터에서 죽으리라"하였다.

나중에 진(晉)나라 혜공(惠公)은 전쟁의 포로가 되었을 때 자신을 구하기 위한 목희(=백희)의 간구를 알지 못하고 그의 아버지 진(晉) 헌공이 목희를 진(秦)과 결혼시키지 말았어야 했다고 원망하며 이르되, "만일 선왕이 사소의 점을 들었더라면 나는 이 지경에 이르지 않았을 것이다!"라고 하였다.[128]

⑤ 전쟁의 내용과 결과를 미리 알다(희공 15년 가을 遇山風蠱)

희공15년(BC645년) 가을, 진(晉)나라에 기근이 들자 진(秦)나라가 곡식을 보내주었는데, 진(秦)나라에 기근이 들자 진(晉)나라는 곡식을 보내주지 않았다. 이에 진(秦)나라 임금(秦伯)은 진(晉)나라를

---

128) https://baike.baidu.com/item/%E7%A9%86%E5%A7%AC/7100550 바이두 백과 참조.

정벌하고자 도보에게 시초점을 치게 하였는데, "길하며, 물을 건너면 제후의 수레가 패배한다"고 하였다. 진나라 임금(秦伯)이 도보를 꾸짖자. 도보가 말하기를 "나중에는 크게 길합니다. 세 번 패하고 반드시 진(晉)나라의 군주를 사로잡을 것입니다. 그 괘는 산풍고로서 천승의 나라가 세 번 물러나고, 세 번 물러난 후에 숫여우를 잡을 것입니다. 무릇 여우가 홀리는 것은 반드시 임금일 것입니다. 산풍고(山風蠱)의 하괘는 바람이고 그 상괘는 산(山)입니다. 지금은 가을이니 열매를 떨어뜨릴 때입니다. 우리가 산의 재목을 취하는 것이니 이기는 바입니다. 열매가 떨어지고 재목은 꺾이는 것이니 어찌 패망하는 것 외에 무엇을 기대하겠습니까?"라고 하였다.

과연 秦(진)나라의 군대는 세 번을 패하여 한(韓)이란 곳에 이르렀다.

진(晉)나라 임금(晉公)이 '경정'에게 말하기를 "적군이 깊이 들어왔으니, 어찌하면 좋겠소?"라고 하자. 경정이 대답하여 말하길 "임금께서 깊이 끌어들이셨으니 어쩔 수가 있겠습니까?"라고 하자 임금(晉公)이 "불손하도다"라고 하고, 우익을 담당한 자에게 점을 치게 하니, "경정에게 맡기면 길하다"는 점괘가 나왔다. 경정이 말하길, "예로부터 큰일이 있을 때에는 반드시 자국(自國)에서 생산된 말을 탔습니다. 그것은 우리나라의 물과 흙에서 생긴 것이기 때문에 사람의 인심을 알고 훈련된 대로 잘 따르고, 습관에도 잘 따릅니다. 그래서 시키는 대로 잘 받아들여져서 뜻대로 되지 않는 것이 없습니다. 그런데 지금은 다른 나라에서 생산된 말을 타고 있으니 놀라거나 변화가 생기면 장차 사람과 함께 쉽게 혼란해지고 분노하게 되니, 피가 빨리 돌고 혈맥이 팽창하여 분노하게 됩니다. 겉으로 보기에는 강해 보이나 속으로는 말라서 진퇴를 마음대로 할 수 없고 회전을 할 수 없어 임금께서는 반드시 후회하시게 될 것입니다"라고 하였으나 임금(晉公)은 듣지 않았다.

9월에 진(晉)나라 임금(晉公)은 秦(진)의 군대와 마주하게 되어, 한간으로 하여금 군대를 살피게 하였는데 복명하여 말하길, "적군은 아군보다 적으나, 싸울 병사는 우리의 두 배나 됩니다." 진의 임금(晉公)이 "어찌 그런고"라고 묻자 한간이 대답하기를 "(임금께서는) 국외에 계실 때는 원조를 받으셨고, 들어오실 때에는 총애를 받으셨습니다. 기근이 들었을 때는 (秦이)곡식을 보내주었습니다. 이렇게 세 번의 은혜를 받았으나 보답을 한 적이 없습니다. 그 때문에 (秦이)이렇게 쳐들어 온 것이고 지금 또 격퇴를 하고 있는 것입니다. 그래서 우리는 마음이 태만하고, 진(秦)의 군대는 분노하여 싸울 군인이 배가 되고도 남습니다." 진공(晉公)이 말하길 "보통의 일개 사내라도 함부로 하면 안되거늘 하물며 나라를 그렇게 해서 되겠는가?"라고 하며 "과인이 재주가 없으나 능히 군중을 모았으니 이대로 떠날 수는 없다. 진나라 임금(秦伯)이 회군하지 않는다면 우리는 도망갈 곳은 없다. 싸우라"라며 명령을 하자,

진나라 임금(秦伯)은 공손지를 시켜 답하기를 "진공(晉公)이 귀국하지 않았을 때는 과인은 두려워했다. 귀국을 하여 임금으로 자

리를 잡지 못하였을 때는 오히려 나의 일처럼 걱정을 하였다. 이제 임금의 자리가 잡혔으니 내가 어찌 그대의 명을 받들지 않을 수 있겠소?"라고 하였다.

진(晉)의 신하 한간이 물러나며 말하길 "제가 운이 좋으면 생포할 수 있겠습니다"라고 하였다. 임술일에 한원(韓原)에서 전투가 벌어졌다. 진(晉)의 군마는 진창에 빠져 움직이질 못하였다. 진공(晉公)은 경정을 불렀으나 경정은 말하기를 "간언을 듣지 않고 고집을 부리고, 점의 결과를 따르지 않은 것은 패전을 자초한 것이니 어찌 도망을 갈 수 있겠습니까"라고 하고는 그대로 떠나 버렸다. 양유미가 한간의 마부가 되고 괵사가 우익이 되어 진백(秦伯)을 멈추려 하였다. 경정이 진공(晉公)을 구하려고 잘못을 하는 바람에 진백(秦伯)을 추격하는 것을 놓쳐 버렸다. 이 전투에서 진(秦)은 진공(晉公)을 사로잡아 돌아왔다. 진(晉)의 대부들은 머리를 풀어 헤치고 그 뒤를 따랐다. 진백(秦伯)은 글로 말하기를 "그대들은 어찌 슬퍼하는가? 과인이 진공(晉公)을 따라 서쪽으로 가는 것은 역시 진(晉)나라의 요망한 꿈을 밟아버리려는 것이지 어찌 우리나라로 데리고 가는 것이겠는가?"

진(晉)나라 대부들은 진백(秦伯)에게 삼배를 올리고 머리를 숙여 말하길 "임금(秦伯)께서는 땅을 밟으시고 황천을 머리에 이고 계십니다. 황천이나 후토도 실로 임금의 말씀을 들었을 것입니다. 여러 신하들도 감히 아래에서 들었습니다"라고 하였다.

목희129)가 진공(晉公)이 포로가 되어 장차 도착한다는 말을 듣자 대자영과 홍과 딸 간벽은 대(臺)에 올라 땔나무를 밟으며 사람들

---

129) 진백(秦伯) 목공(穆公)의 부인이자 진공(晉公(혜공))의 누이동생.

에게 상복을 입게 하고, 또 고하여 말하길 "하늘이 재앙을 내리시었다. 우리 두 나라의 임금이 옥과 비단을 보내며 만나지는 못하고 대신에 병장기를 겨누게 되었습니다. 진공(晉公)이 아침에 들어온다면 저희들은 저녁에 죽을 것이고, 저녁에 들어온다면 아침에 죽을 것입니다. 오직 임금(秦伯)의 처분일 뿐입니다"라고 하였다.

이에 포로 모두를 영대에 두기로 하였다. 대부들이 궁궐에 들어가자고 하니, 진백(秦伯)이 말하길 진공(晉公)을 사로잡은 것은 공로를 세우기 위함이었는데, (목희가)이미 죽어서 돌아가면 어찌 공로가 되겠는가? 대부들도 아무 이득이 없을 것이오. 진(晉)나라 사람들이 걱정을 하여 나에게 중임을 맡겨 하늘과 땅도 나를 중하게 보고 있소. 진(晉)나라 사람들의 걱정을 고려하지 않는다면 크게 분노를 살 것이오. 내가 약속을 지키지 않는다면 하늘과 땅을 배신하는 것이오. 진(晉)나라의 분노를 크게 사게 되면 감당을 할 수 없을 것이오. 하늘을 배반하는 것은 상서롭지 못한 것이니, 필히 진공(晉公)을 돌려보냅시다"라고 하였다. 이에 공자 집이 말하길 "죽이는 것만 못합니다. 사특한 것들을 모을 필요가 없습니다"라고 하였다. 자상이 말하기를 "진공(晉公)을 돌려보내고 태자를 인질로 데려오면, 반드시 큰 성을 취할 수 있습니다. 진(晉)나라는 아직 멸망시킬 수 없습니다. 그런데 그 임금을 죽이면 증오만 키울 것입니다. 옛날에 사일이 말하기를 재앙을 시작하지 말고 어지러움에 의지해서는 안된다. 큰 노여움을 크게 사면 임무를 감당할 수 없게 된다. 사람을 능멸하는 것은 상서롭지 못하다 하였으니, 진(晉)과 화평을 허락하시옵소서"라고 하였다. 이에 진(晉)나라와 화평을 허락하였다.

진공(晉公)은 극걸에게 명하여 허거이생에게 알려 자기를 모셔 가도록 하였다. 또 자금에게 교시하기를 조정에 모이도록 하여 임금의 상을 내리도록 명하고, 또 "과인이 돌아가기가 어렵고 사직을 욕되게 하였으니 (양위를 위해) 태자 어(圉)의 점을 치도록"하였다. 이에 사람들이 통곡을 하였다.

위 사례에서는 산풍고괘의 동효나 변괘가 없는 것이 특이하였다.

⑥ 길한 괘를 얻고 전쟁에서 이기다(희공僖公 25년 遇大有之睽)

노나라 희공 25년(BC635년) 진백(秦伯)이 황하로 군사를 보내 장차 왕을 맞이할 준비를 하자, 고언이 진(晉)나라 군주(晉文公)에게 말하길 "제후가 되기를 구하면 왕에게 노력하는 것만 한 것이 없습니다. 또 대의입니다. 문후(文候)의 업적을 계승하면서 제후들에게 믿음직한 선언을 하려면 지금이 기회입니다"라고 하였다. 진문공(晉文公)이 복언에게 점을 치게 하자 "길합니다, 황제가 판천에서 싸웠던 조짐을 만났습니다"라고 하였다, 진문공(晉文公)이 말하길 "내가 감당하지 못한다"라고 하자 복언이 답하기를 "주나라의 예는 고쳐지지 않았고, 지금의 왕은 옛적의 황제입니다"라고 하였다.

진문공(晉文公)이 말하기를 "시초점을 치라, 시초점을 치라" 하자, 화천대유가 화택규로 변하는 대유지규(大有之睽)괘를 얻었다. 그리고 말하기를 "길합니다, '공(公)이 천자에게 접대를 드린다'라는 괘를 만났는데, 전쟁에서 이기고 왕의 만찬을 받으니, 크게 길하지 않겠습니까? 또 이 괘는 하늘이 연못으로 변하여 햇빛을 받고 있으니 천자가 마음을 내리시어 역으로 공에게 주시는 것이 아니겠습니까? 대유괘가 규괘로 갔으나 도로 복귀한 것이니 역시 그곳입니다"라고 하였다.

진후(晉候)는 진(秦)의 군대에게 사양을 하고 내려갔다. 3월 갑진일에 양번에 주둔하여 우군은 온(溫)을 포위하고 좌군은 역으로 왕을 맞이하였다. 여름 4월 정사(丁巳)일에 왕이 왕성으로 들어왔고, 대숙을 온(溫)에서 잡아 습성에서 죽였다.

⑦ **3년 이내에 죽을 것을 알다**(선공宣公 6년 豊之離)

소환공(召桓公)130)이 왕후를 제나라에서 맞아 들였다. 초나라가 정나라를 정벌하여 성을 빼앗고 돌아왔다. 정나라 공(公)의 아들 만만이 왕자 백료에게 경(卿)이 되고 싶다고 말하였다. 이에 백료가 말하기를 "덕이 없으면서 탐하는 일은 주역의 풍지리(豊之離)에 있습니다. 동효인 뇌화풍 6효에는 3년이 지나도 보지 못한다(三歲不覿)"고 하였는데, 과연 1년을 넘지 못하고 정나라 사람이 그를 죽였다.

이 사례는 점을 치지 않고 대화를 한 것인데, 왕자 백료가 아마 어떤 방법으로 점을 치고 그 결과만 말한 것일 수도 있겠다.

---

130) 주나라의 제후로서 소국(召國)을 다스리던 공(公).

⑧ 거북점의 사례와 군대의 기율을 보고 흉한 일이 생길 것을 안다(선공宣公 12년 在師之臨)

- 선공(宣公) 12년(BC 597년) 봄, 초왕이 정나라를 포위하고 17일이 되었다. 정나라 사람이 거북점을 쳤는데, 불길한 괘가 나왔다. 대궁(大宮)에서 점에 임하고 또 거리에 수레를 내어 놓음은 길하였다. 나라 사람들이 크게 임하여 성벽을 지키는 자들이 모두 곡(哭)을 하니, 초왕이 군대를 물러났다. 정나라 사람이 성을 수리하자 초왕은 다시 복귀하여 포위하여 3개월 만에 이겼다. 황문으로부터 들어와 길거리에까지 이르렀다. 정백(鄭伯)이 웃옷을 벗고 양을 끌고 나와서 맞으며 말하길 "하늘에 버림받아 임금을 모실 수 없고, 임금으로 하여금 의심과 노여움이 들게 하여 읍을 폐하는 지경에 이르렀습니다. 감히 명하시는 것을 듣지 않겠습니까"라고 하였다.

- 선공(宣公)131) 12년 여름 6월, 진(晉)나라 군대가 정나라를 구하려는 상황이었다. 체자가 말하였다 "불가합니다. 진(晉)나라가 패자(覇者)가 된 이유는 군대의 무력과 신하의 공입니다. 지금 여러 제후들을 잃은 것은 힘이라고 할 수 없습니다. 적이 있고 따르지 않는 것은 무력이 있다고 할 수 없습니다. 우리로 인하여 패자(覇者)의 지위를 잃는다면 죽는 것보다 못합니다. 또 군사를 일으켜 출병하여 적이 강하다는 소리를 듣고 물러난다면 장부가 아닙니다. 명령을 받아 군대의 장수가 되었는데 졸과 같은 것도 장부가 아닙니다. 오직 무리가 할 수 있고 나 개인이 할 수 있는 것은 아닙니다"라고 하고 중군의 장수로 강을 건너갔다.

---

131) 노나라의 제17대 군주(BC 609년~BC 591년).

지장자가 말하기를 "저 군대는 위태롭구나, 주역 사지림(師之臨) 괘에 이르기를 군대가 출병함에는 기율로서 하여야 한다. 기율이 착하지 않으면 흉하리라" 하였고, "일을 함에 순조로이 이루어지는 것을 착하다고 하고 그 반대를 아님(否)이라 하는데, 무리가 흩어지면 약해지고, 냇물이 막히면 연못이 되니, 기율이 있으나 자기 맘대로 하는 것 같으니 그래서 기율을 말하는 것인데, 착하지 않고 또 기율이 없으며 또 정돈되지 못하니 흉하게 되는 이유이다. 아직 행함에 이르지 아니함이 임(臨)하는 것이니, 군대가 있어도 따르지 않으니 임하는 것이 어찌 이리 심한가?"라고 하였다.

과연 정나라를 구하려던 진(晉)나라는 이 전쟁에서 크게 패하였다.

점을 친 사례인지는 확실하지 않으나, 사지림(師之臨)괘의 해석을 한 사례로서 소중한 설명이다.

⑨ 진초(晉楚) 전쟁의 내용과 결과를 미리 알다(성공成公 16년(BC575년) 卦遇復)

초나라가 정나라를 구하기 위하여 진(晉)나라와 싸울 때의 상황이다. 진(晉)나라와 초나라가 정나라의 언릉(鄢陵)에서 만났다[132].

묘분황은 진후(晉候)의 곁에 있었다 진후(晉候)의 다른 수하들도 역시 모두 진후(晉候)에게 보고를 하며 "초나라 군(軍)에는 국사(國士)

---

[132] 이때의 진후(晉候)는 려공(厲公)이다. 이때 초나라 왕은 공왕(共王)이다.

가 있습니다, 또 군사가 두터워 감당할 수 없습니다"라고 말하자, 묘분황이 진후(晉候)에게 말하기를 "초나라의 정예부대는 군의 가운데 있는 왕족들에게 있습니다. 청하옵건데, 우리의 정예군을 둘로 나누어 초나라의 가운데 정예군을 제외한 양쪽의 좌우를 공격하십시오. 그리고 난 후 우리의 3군(三軍)을 초왕의 군대로 모이게 하여 공격을 하면 크게 쳐부술 수 있을 것입니다"라고 하였다.

진후(晉候)는 이 계획에 대하여 시초점을 치게 하였다. 점을 친 관리가 말하길 "길합니다. 지뢰복괘가 나왔습니다. 남쪽 나라133)는 줄어들고, 임금을 쏘아 눈을 맞춥니다. 나라가 줄어들고 왕이 상처를 입었는데 패하지 않을 수 있겠습니까?"라고 하였다. 이에 진후(晉候)는 묘분황의 계획을 따랐다. (이 부분은 이해하기 어려운 내용이다. 지뢰복괘에는 위와 같은 내용이 없기 때문이다)

진(晉)의 군대 앞에는 진흙창이 있었다. 이 때문에 모두 좌우로 나누어 진흙창을 피하여 나갔다. 보의가 진후(晉候)의 수레를 몰고 난침은 진후(晉候)의 우측을 맡았다. 난서와 범문자는 군사를 거느리고 좌우를 호위하였다. 진후(晉候)의 수레가 진흙창에 빠졌다. 난서가 진후(晉候)를 자신의 수레에 태우려하였다. 이에 진후(晉候)의 우측에 있던 난침이 "물러나시오, 나라에는 각자의 대임(大任)이 있는데 마음대로 할 수 있는 것이오? 다른 관리의 직책을 침범하는 것을 모(冒)라고 하며, 자기의 직책을 놓는 것을 만(慢)이라

---

133) 진나라는 북쪽에, 초나라는 남쪽에 있었다.

고 하고, 자기가 맡은 것을 떠나는 것을 간(姦)이라고 합니다. 이 세 가지의 죄를 짓는 것이니 범하여서는 안됩니다"라고 하며 자신이 진후(晉候)를 들어 올려 진흙창에서 빠져 나오게 하였다.

한편 팽명은 초왕의 수레를 몰고, 반당이 우측을 맡았다. 석수가 정나라 성공의 수레를 몰고 당구가 우측을 맡았다.

진(晉)의 여기(呂錡)는 꿈에 달을 활로 쏘아서 맞히고 뒤로 물러서다가 진흙 속에 빠지는 꿈을 꾸었다. 점을 쳐 보니 "희(姬)씨 성은 해요, 다른 성(姓)은 달, 반드시 초왕일 것이다. 쏘아서 맞히고 물러서다 진흙 속에 빠졌으니 역시 여기(呂錡)도 죽을 것이다"라는 점괘가 나왔다.

싸움이 시작되자 (여기는) 초왕을 쏘았는데 눈을 맞혔다. 초왕은 양유기를 불러 화살 두 대를 주며 진나라의 여기를 쏘게 하였다. 양유기가 화살을 쏘자 여기(呂錡)의 목에 명중하여 활집에 엎어져서 죽었다. 양유기는 한 대의 화살로 왕명을 완수하였다.

……

초나라 군은 험지까지 몰렸다. 진나라는 초나라의 공자패(公子筏)를 사로잡았다. 새벽에 싸우기 시작하여 별이 보일 때까지 끝나지 않았다. 진(晉)은 초나라의 포로를 달아나게 하였는데, 초왕이 이를 듣고 자반을 불러 대책을 논의하고자 하였는데, 이때 자반은 술을 마셨기 때문에 취하여서 초왕을 볼 수가 없었다. 이에 초왕은 "하늘이 초나라를 패하게 하는구나. 나는 기다릴 수가 없다"라고 하며 밤에 달아나 버렸다. 진나라 군대는 초나라 군대에 들어가서 3일을 쌀을 먹었다. 초나라 군대는 하(瑕)라는 곳까지 되돌아갔다. 공왕은 자반에게 사람을 보내어 "그대의 잘못이라 생각지 말라" 하였으나, 자반은 "신의 병사들이 달아났기 때문에 패한 것이오니 신의 죄입니다"라며 죽음을 내려줄 것을 청하였다. 초왕은 자반이 자결을 하려 한다는 소식을 듣고 사자를 보내 이를 막고자 했으나, 사자가 도착하기 전에 자결하였다.

⑩ 길하다와 흉하다는 점괘가 함께 맞은 사례(양공襄公 25년(BC547)
遇困之大過)

제나라 당공134)의 부인 당강은 동곽언의 누이이다. 동곽언은 장수인 최무자의 가신으로 있었는데 당공이 죽자, 최무자를 모시고 조문을 하였다. 최무자가 당공의 부인 당강을 보았는데 아름다웠기에 수하 장수 동곽언에게 누이에게 장가를 들 수 있도록 청하였다. 동곽언이 말하기를 "남녀는 성이 달라야 합니다. 지금 주군(최무자)은 정공(丁)의 후손이고 저는 환공(桓公)의 후손이니 (모두 강(姜)씨로서) 불가합니다"라고 하였다. 최무자가 점을 쳐 보니, 택수곤괘가 택풍대과로 변하는 곤지대과(困之大過)의 괘를 얻었다. 신하인 관리들 모두가 말하기를 "길합니다"라고 하였다. 이 점괘를 진문자에게 보이니, 진문자는 말하기를 "남편이 바람을 따르고 있고 바람은 처(妻)를 떨어뜨리므로 장가를 드는 것은 안됩니다"라고 하였다 또 말하기를 "역의 괘사에 '돌로 인하여 곤란을 겪고, 질려135)(蒺藜)에 의지하니 집에 들어가더라도 아내조차

---
134) 제나라 초기 군주(강씨 : 姜氏).

(도망을 가서) 보지 못할 것이다'라고 하였으니, 돌에 의해 곤란을 겪으니 가서도 잘 해낼 수가 없고, 질려에 의지하니 믿는 것에 찔리는 것입니다. 집에 들어가서도 아내를 보지 못한다고 했으니 장가를 들 곳이 아닙니다"라고 하였다. 이에 최무자가 "과부인데 무슨 해가 있겠소? 먼저 죽은 남편이 이에 해당하는 것이오"라고 하고 마침내 아내로 삼아 버렸다.

나중에 제나라 장공이 당강과 사통하고 최무자의 집으로 가서 최무자의 관(冠)을 다른 사람에게 주었다. 옆에서 시종을 드는 시자가 말하길 "아니됩니다"라고 하자, 장공은 "최무자가 아니라고 그 사람의 관도 못써보느냐?"라고 하였다.

최무자는 이 일로 인하여 틈을 보아 진(晉)나라를 치고 말하기를 "진나라가 반드시 보복할 것이다"라고 하며, 자신의 임금인 제나라 장공을 죽여서 진(晉)에게 해명을 하려고 하였으나 그 기회를 찾지 못하였다.

장공은 시위 신하 가거(賈擧)를 닥달하면서도 가까이 하였는데 가거는 최무자와 장공의 사이를 이간질하였다. 여름 5월에 거(莒)나라가 차우에서의 싸움 때문에 거나라 임금이 제나라에 조회를 왔다. 갑술일에 제나라가 북쪽 외곽에서 찬치를 벌일 때, 최무자는 병을 핑계로 나가지 않았다. 을해일에 장공은 최무자에게 문병을 하고 강씨(당강)를 따라 나갔다. 강씨(당강)는 방으로 들어가서 최무자와 함께 집 옆으로 나와 버렸다. 장공이 기둥을 두드리며 노래를 부르자 시중을 들던 가거는 따르던 사람들을 세워놓고는 안으로 들어가서 문을 잠가 버렸다. 갑자기 (복병들의) 함성소리가

---

135) 가시가 있는 풀 이름.

들려오니 장공은 높은 곳에 올라가 구원을 청하였으나 들어주지 않았다. 장공은 맹서를 하며 구하여 줄 것을 청하였으나 들어주지 않았다. 종묘에서 자결하겠다고 청하여도 들어주지 않았다. 모두가 말하기를 "임금의 신하인 저(杼 : 최무자의 이름)는 질병이 들어 명령을 듣지 못합니다. 여기는 궁궐과 가까운데 신들이 순찰을 하는데 음란한 자가 나타났습니다. (그래서 찾고 있는 중인데) 그 이외의 명령을 받은 적은 없습니다"라고 하였다. 장공이 담을 넘어 달아날 때, 화살을 쏘았고 넓적다리에 맞았다. 장공이 몸을 돌릴 때 그대로 죽여 버렸다. 가거, 주작, 병사, 공손오, 봉구, 탁보, 양이, 루인이 모두 죽임을 당했다. 타보(佗父)는 고당에 고하고 제사를 지내고 복명을 하다가 모자도 벗지 못하고 최무자 앞에서 죽었다.

최무자는 새로운 왕(경공景公)을 옹립하고 재상이 되었다.

경봉이 좌상이 되고 대궁에서 국인(國人)들 앞에서 맹세를 하였다. "최씨 경씨와 더불지 않는다면…"이라고 할 때 안자는 하늘을 우러러 탄식하며 말하길 "오직 임금에게 충성하고 사직을 이롭게 할 뿐입니다. 하나님께서 계신다면"이라고 하며 맹세의 희생의 피를 마셨다.

최무자는 다음해인 BC 546년에 집안에 난이 일어났는데, 이 틈을 타서 쿠데타로 좌상에 오른 경봉이 최씨들을 멸족시켰다. 최무자는 스스로 목숨을 끊었다.

당강은 두 명의 남편과 장공까지 모두 죽음에 이르게 한 것인가? 어쨌든 진문자의 점괘 풀이는 결과적으로 정확하였다. 위 사례에서 택수곤 3효의 효사 "돌로 인하여 곤란을 겪고, 질려136)(蒺藜)에 의지하니 집에 들어가더라도 아내조차 (도망을 가서)보지 못할 것이다"라는 구절에 대하여 상전에서는 "질려에 의지한다는 것은 강한 것을 타고 있는 것이요. 집에 들어가도 그 아내를 보지 못한다는 것은 상서롭지 못한 것이다137)"하였다.

⑪ **아들의 인생을 미리 말하다**(소공 5년(기원전 537년) 遇明夷之謙)

처음에 목자(穆子)138)가 태어날 때 아버지 장숙이 주역의 시초점을 쳐 보니 지화명이괘가 지산겸괘로 변하는 명이지겸(明夷之謙)괘를 만났다. 이 점괘를 초구에게 보여주며 물어보니, "장차 (외국에) 갔다가 돌아와 아들로서 제사를 지낼 것이오. 참소를 잘하는 자를 데리고 올 것인데, 그 이름은 우(牛)입니다. 그리고 굶어서 죽을 것입니다. 명이(明夷)는 태양의 일이라 태양의 수는 10입니다. 왕에서 내려와 다음 2가 공(公)이 되고 다음 3이 경(卿)이됩니다.

태양이 떠올라 가장 중간이면 왕이 되고 태양이 조금 덜 밝을 때가 공(公)이 되고 아침에 떴을 때가 경(卿)에 해당합니다. 명이(明夷)괘가 겸(謙)괘로 변한 것은 밝음이 원만한 것이 아니기 때문에 동효인 역의 초효 효사에서 날개를 떨어뜨린다고 하였습니다. 또 해는 움직이므로 "갔다"고 하였고 경(卿)에 해당하므로 3일을 먹지 않는다고 하였습니다. 리(離)는 화(火)요 간(艮)은 산이요 불이 산에 붙으니 산은 패하게 됩니다. 간(艮)은 사람의 일에서 말에

---

136) 가시가 있는 풀 이름.
137) "據于蒺藜는 乘剛也일새오 入于其宮不見其妻는 不祥也".
138) 숙손목자(=숙손표), 전국시대 노나라의 대부.

해당하므로 패하는 말을 하는 것은 참언에 해당합니다. 그러므로 떠나갈 곳이 있고 주인에게 말이 있을 것입니다. 순수한 리(離)괘는 소가 되며 세상이 어지러우면 참언이 이기게 됩니다. 참언이 많아지면 다시 리(離)괘로 돌아가게 됩니다. 그러므로 이를 나타내어 우(牛)라고 하였습니다. 겸괘의 겸(謙)은 부족한 것이므로 날아도 날 수 없고 날개를 드리워도 높이 날 수 없습니다. 그러므로 그는 아들이 되고 당신은 아경(亞卿)이라 뒤를 이을 것이나 제 수명을 다하지 못할 것입니다"라고 하였다.

실제로 목자(穆子) 숙손표는 제나라로 망명하였다가 노나라로 돌아와 양공(襄公)을 섬기며 대부가 되어 국정을 돌보았으나, 서자 수우(豎牛)를 총애하여 수우의 계략에 속아 적자인 두 아들 맹병과 중임을 죽이고 자신도 수우(豎牛)에게 갇혀 계략으로 굶어 죽었다. 수우(豎牛)는 적자를 죽이고 서자인 숙손작을 세웠는데, 숙손작은 수우(豎牛)를 포상하지 않고 사형을 시켰다.

⑫ **점괘를 해석하여 임금을 옹립하다**(소공昭公 7년 (BC613년) 遇屯之比)
위(衛)나라 양공(襄公)의 부인 강씨는 아들이 없었는데, 양공(襄公)의 사랑을 받은 주압이 맹집을 낳았다. 이때 경(卿) 공성자139)(孔成子)가 꿈을 꾸었는데, 위나라 초대 군주인 강숙이 나타나서 "원(元)을 임금으로 삼아라. 나는 기의 손자 '어(圉)'와 '사구(史苟)'로 하여금 돕게 하겠다"고 하였다. 사조(史朝)도 역시 꿈을 꾸었는데, 초대 군주 강숙이 "나는 너의 아들 구(苟)와 공증서의 증손인 어(圉)

---
139) 위(衛)나라의 경(卿)으로 공달(孔達)의 손자 증서(蒸鉏)이다.

에게 원(元)을 돕게 하겠다"고 하였다. 사조가 공성자를 만나 꿈 얘기를 하니 두 사람의 꿈이 똑같았다.

진(晉)나라 한선자가 정권을 잡고 여러 제후들을 부리고 있을 때 양공(襄公)의 첩 주압은 둘째를 낳았는데 이름을 원(元)이라고 했다. 첫째인 맹집은 발이 좋지 않아 걸을 수가 없었다. 공성자가 원(元)이 위나라의 주인이 되도록 제사를 드려 빌며 주역의 시초점을 치자 수뢰둔괘를 만났다. 또 말하기를 "저는 맹집을 세우고 싶으니 돌보아 주소서"라고 말하자 1효가 동하여 수지비괘로 변하는 둔지비(屯之比) 괘를 얻었다.

이 점괘를 사조에게 보여주니, 사조가 말하기를 "원(元)이 형통하다고 하였으니 또 무엇을 의심하겠습니까?"라고 하였다. 공성자가 말하기를 "장남이 아니지 않소?"라고 하자 사조가 대답하기를 "강숙이 그의 이름을 원이라고 지었으니 이 분이 장남이라고 할 수 있습니다. 맹집은 정상적인 사람이 아닙니다. 장차 종주(宗主)가 되지 못할 것이니 장자라고 부를 수 없습니다. 또 괘사에 이르기를 '제후를 세움이 이롭다'라고 하였는데 맏자손이 길하다면 왜 세운다고 하였겠습니까? 세운다는 것은 맏아들로 잇는 것이 아닙니다. 두 점괘 모두 그러했습니다. 그러니 그를 임금으로 세우십시오. 강숙이 명하고 두 점괘가 알려 주고 점괘와 꿈이 맞으면 무왕도 그에 따랐으니 따르지 않고 어찌하겠습니까? 발이 약한 자140)는 편히 있으면 되나 임금은 사직의 주인이 되어 제사에도 참석하여야 하고 백성을 받들어야(奉)하며 귀신을 섬겨야 하고 조회도 개최하여야 하니 어찌 편안히 거처하겠습니

---

140) 맹집을 말한다.

까"라고 하였다. 그러므로 공성자는 원(元)을 임금(영공靈公)으로 세웠다(BC534년).

⑬ **점괘를 무시한 반란이 실패하다**(소공昭公 12년(BC530년) 遇坤之比)

　노나라의 정경 계평자가 대통을 잇고서 가신(家臣) 남괴에게 예로서 대하지 않았다. 남괴는 자중에게 말하기를 "내가 계씨를 몰아내고 그 가산을 공(公)들에게 돌아가게 하겠소. 자중이 그 지위를 계승하시오. 나는 비읍을 받고 공의 신하가 되겠소"라고 하였다. 이에 자중이 허락을 하였다. 남괴가 숙중목자에게도 그 연고를 알려 주었다. 계평자의 아버지 계도자가 죽자 숙손소자는 다시 경(卿)이 되었는데, 계평자가 거나라를 쳐서 이기고 삼명(三命)[141]을 받았다. 숙중자가 계씨와 숙손씨 두 집안을 (불화를 일으키려) 얽으려고 계평자에게 말하기를 "삼명(三命)이 부모형제를 넘으면 예가 아닙니다"라고 하자, 계평자는 "그렇소"라고 하였다. 그런고로 계평자가 숙손소자를 사임을 시키려 하자, 숙손소자는 "숙손씨는 집안에 재앙이 있었습니다. 적자가 살해당하고 서자가 대를 이어 제가 여기에 이르렀는데, 재앙으로 인하여 죽이신다면 명령을 들을 것이나 임금이 명령을 폐하지 않으신다면 굳게 자리를 지키겠습니다"라고 하였다. 숙손소자가 조회에 나가서 관리들에게 명하여 말하길 "내가 장차 계씨와 소송을 할 것이니 글을 씀에 편파적인 것이 없어야 한다"라고 하였다. 계손씨가 두려워하여 그 죄를 숙중자에게 돌리자, 숙중소 남괴 공자은이 계씨를 도모하기로 하였다. 공자은이 공(公)에게 아뢰어 공(公)을 따

---

141) 천자로부터 받는 특전으로서, 일상적인 예에서 크게 높임을 받는 지위를 말하는 것으로 보인다.

라 진(晉)나라로 가고 남괴는 두려워하여 비(費)에서 제나라와 반란을 일으켰다. 자중은 돌아오다가 위(衛)나라에 이르러 난리가 났다는 얘기를 듣고 먼저 교외로 도망을 갔다가 비(費)에서 반란이 일어났다는 얘기를 듣고 황급히 제나라로 도망을 가버렸다. 남괴가 장차 반란을 할 적에 지역의 향인들이 혹여 알고 지나가며 탄식하고 말하기를 "불쌍하고 불쌍하다. 세력이 다하여지니 그러는 것이냐? 생각은 깊으나 도모함이 천박하여 몸은 가까이 있어도 뜻은 멀어졌는데, 신하가 임금을 도모하니 따르는 사람이 있겠나?"라고 하였다.

남괴가 점을 쳐서 중지곤괘가 수지비괘로 변하는 곤지비(坤之比)괘를 얻었다. 변효의 효사가 황상원길(黃裳元吉 ; 누런 치마가 길하다)로 크게 길하여 '자복혜백'에게 보여주며 "거사를 하고 싶소, 어떻습니까?" 하였다. 혜백이 말하길 "내가 일찍이 이 괘를 배웠는데, 충신의 일이면 가능하나 그렇지 않으면 반드시 패합니다. 밖으로 강하고 안으로 온화한 것이 충(忠)이고 어울려 화목하고 바른 것을 따르니 믿음이 있으므로 '누른 치마가 길하다'고 한 것입니다. 황(黃)은 가운데의 색이고 치마(裳)는 아래의 꾸밈이며 원(元)은 선한 것의 으뜸[142]입니다. 중심에서 충성하지 않으면 황(黃)색을 얻지 못하고 아래에서 함께하지 않으면 치마(裳)의 꾸밈을 얻지 못하며 일이 선하지 않으면 지극함을 얻지 못합니다. 안과 밖이 화합해야 충이 되고, 일을 따름에 믿음으로서 해야 공(共)이 되며 세 가지 덕(忠, 信 共)을 받들어 길러야 선(善)이 되는데, 이 세 가지가 아니면 부당합니다. 또 주역은 험함을 점칠 수 있는 것이 아닌데

---

142) 문언전에 있는 말.

장차 어찌 일을 하겠으며, 꾸밀 수 있겠습니까? 가운데가 아름다우면 황(黃)이 되고, 위가 아름다우면 원(元)이 되며, 아래가 아름다우면 치마(裳)가 되고 세 가지를 이루어야 점을 칠 수 있는데 오히려 빠진 것이 있으면 점쳐서 비록 길하더라도 안됩니다"라고 하였다.

계평자가 숙손소자를 시켜 숙중소를 쫓아내려고 하자 그 소문을 듣고 숙중소가 감히 조회에 나오지 못하였다. 숙손소자가 관리에게 명하기를 "숙중소는 조회에서 정무를 기다리라. 우리는 원망의 정부가 되려하지 않는다"라고 하였다.

남괴는 자복혜백의 조언을 무시하고, 국가통치권을 공실(公室)에 돌려준다는 대정봉환(大政奉還)143)을 명분으로 계평자에게 반기를 들어 반란을 일으켰다가 비읍(費邑)사람들의 협조도 받지 못하여 제나라로 도망치는 신세가 되었다.

⑭ 임금이 쫓겨난 이유를 역리를 통해 설명하다(소공昭公 32년

　　(BC510년) 雷乘乾日大壯)

조간자가 사묵에게 묻기를 "계씨가 임금을 내쫓았는데도 백성들이 복종하고 제후들도 그와 함께하는데, 임금이 밖으로 쫓겨가서 죽었는데도 아무도 죄를 묻지 않는 것은 어째서 그런 것이요?" 하였다. 사묵이 대답하여 말하길 "사물이 생겨나면 둘이 있고, 셋이 있고, 다섯이 있고, 또 다 짝이 있습니다. 그러므로 하늘에는 세 가지 별(해, 달, 별)이 있고 땅에는 오행144)이 있고 몸에는

---

143) 일본에서도 에도 막부 제15대 쇼군 도쿠가와 요시노부가 1867년 11월 9일 메이지 천황에게 정권을 반납할 것을 선언하고, 다음날인 1867년 11월 10일에 천황이 이를 허가한 정치적 사건을 일러 "대정봉환(大政奉還) 타이세이호칸)"이라 한다.

좌우가 있고 모든 것에는 대칭이 있습니다. 곧 왕에게는 공(公)이 있고, 제후에게는 경(卿)이 있으니 모두 그 짝들입니다. 하늘이 계손씨를 낳아 노나라의 짝으로 삼았는데 오래 되었으니 백성들이 복종을 하는 것은 마땅하지 않겠습니까? 노나라는 임금이 대대로 실덕을 하고 계씨는 대대로 부지런히 닦아서 백성들이 임금을 잊어버렸습니다. 그래서 비록 임금이 밖에서 죽더라도 누가 불쌍히 여기겠습니까?

영원히 받들어지는 사직이란 없으며 임금과 신하의 자리는 영원한 것이 아닙니다. 예부터 자연스럽게 그러하였습니다. 그래서 시경에서도 말하기를 높은 언덕이 골짜기가 되고 깊은 골이 높은 언덕이 된다고 하였습니다. 그러므로 우, 하, 상 3대 임금의 성씨도 지금은 서민이 되어 있습니다. 역의 괘에도 우레가 하늘을 타고 있는 대장(大壯)괘가 있는데 하늘의 도입니다"라고 말하였다.

이 부분은 점을 친 것은 아니나 노나라에 계씨가 득세하고 임금이 도망을 가서 죽은 현실을 역의 이치로 설명한 내용이므로 참고할 부분이 있다.

⑮ 점의 결과를 보고 정벌을 단념하다(애공哀公 9년 遇泰之需)

애공145) 9년(BC486년) 가을에 오나라가 한(邗)에 성을 쌓고 도랑을 파서 장강과 회수와 통하게 하였다. 진(晉)나라 조앙이 정나라를 구하는 문제로 점을 쳤는데, 물이 불을 맞이하는 점괘를 얻었다.

---

144) 목, 화, 토, 금, 수.
145) 노나라 25대 군주 BC 494년~BC 468년, 공자가 활동하던 시기의 노나라 군주.

사조, 사묵, 사구가 점괘를 해석했는데, 사구가 말하기를 "이는 양기가 물에 가라앉음이니 가히 병사를 일으켜 강(姜)씨를 정벌함이 이롭겠으나, 상나라의 자(子)씨를 정벌함은 불리합니다. 제나라를 정벌하는 것도 가능하겠습니다. 송나라와 적대하는 것은 불길합니다"라고 하였다. 사묵이 말하기를 "영(盈)은 물 이름이고 자(子)는 물의 자리입니다. 이름과 자리가 맞서있으니 침범할 수 없으며, 염제는 불의 군대였고 강씨는 그의 후손이니 물이 불을 이깁니다. 강(姜)씨를 정벌함은 가능합니다"라고 하였다. 사조가 말하기를 "이는 하천이 가득 차면 헤엄칠 수 없는 것과 같아서 정나라는 죄가 있으니 구원할 수 없습니다. 정나라를 구원하는 것은 불길합니다. 그 외는 알 수 없습니다"라고 하였다. 양호가 주역으로 서점을 쳐서 지천태괘가 수천수괘로 변하는 태지수(泰之需) 괘를 만났다(동효인 5효의 효사는 "帝乙歸妹니 以祉며 元吉(제을임금이 누이동생을 시집보내어 복을 받으니 크게 길하다)")이다. 그리고 말하기를 "송나라는 길하니 함께 할 수 없고, 미자계146)는 제을임금의 원자(元子)입니다. 송나라 정나라는 생질과 외삼촌간이고 복(祉)은 녹(祿)이니, 만약 제을의 원자가 손아래 누이를 시집보내어야 녹을 얻는 것이면 우리가 편안히 길함을 얻겠습니까?"라고 하였다. 이에 정벌을 그만두었다.

---

146) 상나라 29대왕 제을의 장남.

다. 고려시대의 점례

① 945년 왕규의 암살시도에서 혜종을 구함

서기 945년에, 고려 왕 혜종이 몸이 편치 않아서 신덕전(神德殿)에 있었는데, 최지몽은 점을 쳐서 변고가 있을 것을 예측하고 왕에게 "가까운 시일 내에 장차 변고가 있을 것이니, 마땅히 기회를 보아 이어(移御)하셔야 합니다"라고 거처를 옮길 것을 제안하였다. 왕이 몰래 중광전(重光殿)으로 거쳐를 옮겼는데, 외척인 왕규가 자신의 외조카 광주원군(廣州院君)을 왕위에 앉히려고 밤에 심복들과 함께 왕의 처소에 벽을 뚫고 들어갔으나, 이미 왕이 거처를 옮겨서 실패하고 혜종은 목숨을 구하였다147)148). 혜종은 왕규의 짓임을 알았지만 벌을 주지 아니하였다. 후에 왕규가 최지몽을 만나자 검을 빼어 들고 욕을 하며 말하기를, "왕이 침전을 옮긴 것은 분명히 너의 계략일 것이다"라고 하였으나149), 최지몽은 아무 말도 하지 아니하였다고 한다. 최지몽은 고려광종 때에도 "객성(客星)이 제좌(帝座)를 범하였으니 왕께서는 숙위군을 거듭 경계하시어 뜻밖에 닥칠 사태에 대비하십시오"라고 하고 얼마 지나지 아니하여 실제로 왕승(王承) 등이 반역을 도모하다가 처형당하였다. 왕은 최지몽에게 어의(御衣)와 금 허리띠[金帶]를 하사하였다.150) 최지몽은 원래의 이름이 총진이었으나, 천문과 점술에 밝았고 꿈 해석을 잘하여 태조 왕건으로부터 지몽(知夢 ; 꿈을 안다)이

---

147) 위키백과 왕규의 난 참조.
148) 고려사, 열전 권제5〉 제신〉 최지몽 참조.
(https://db.history.go.kr/goryeo/level.do?levelId=kr_092r_0010_0070&types=r).
149) 고려시대 사료DB 고려사 절요. 혜종2년 "왕규가 반란을 일으켰으나 실패하다" 등 참조.
150) 고려사, 열전 권제5〉 제신〉 최지몽 참조.

란 이름을 하사받았다. 태조가 죽은 이후에도 성종151) 때까지 조정에서 활약하였다.

② 경기도 이천시의 지명

고려 태조 왕건은 후백제와 전투하기 위해 경기도 이천 시내를 가로지르는 복하천에 이르렀는데 홍수로 인해 강을 건널 수 없었다. 이에 강을 건너지 않고 주둔을 해야 하는지를 두고 (주역으로) 점을 치니 "이섭대천(利涉大川) : 큰 내를 건너면 이롭다"란 괘를 얻었다. 이에, 군사를 주둔시키지 않고 서목의 도움으로 복하천을 건너 적시에 견훤의 군대를 쳐서 승리했다. 왕건은 이를 기려 이섭대천을 줄인 이천(利川)을 지명으로 하사했다고 한다. 만약 왕건이 즉시 복하천을 건너지 않고 군대를 주둔시키고 머물렀으면, 견훤의 군대가 전열을 가다듬을 시간을 주어 전쟁의 승패가 달라졌을지도 모를 일이다.

라. 조선시대의 점례

① 한양천도를 동전 던지기로 정함

태종 4년 10월 6일(갑술일) "이날 새벽에 임금이 종묘(宗廟)의 문밖에 나아가서 여러 사람에게 포고(布告)하여 말하였다."

"내가 송도(松都)에 있을 때 여러 번 수재(水災)와 한재(旱災)의 이변

---

151) 고려 제6대 국왕(재위 : 981년~997년).

이 있었으므로, 하교(下敎)하여 구언(求言)하였더니, 정승 조준(趙浚) 이하 신도(新都)로 환도(還都)하는 것이 마땅하다고 말한 자가 많았다. 그러나 신도(新都)도 또한 변고(變故)가 많았으므로, 도읍을 정하지 못하여 인심이 안정(安靜)되지 못하였다. 이제 종묘(宗廟)에 들어가 송도(松都)와 신도(新都)와 무악(毋岳)을 고(告)하고, 그 길흉(吉凶)을 점쳐 길(吉)한 데 따라 도읍을 정하겠다. 도읍을 정한 뒤에는 비록 재변(災變)이 있더라도 이의(異議)가 있을 수 없다."

임금이 제학(提學) 김첨에게 묻기를,
"무슨 물건으로 점(占)칠까?"

하니, 대답하기를,
"종묘 안에서 동전 던지기(척전 ; 擲錢)를 할 수 없으니, 시초(蓍草)로 점치는 것이 좋겠습니다." 하였다.

임금이 말하기를,
"시초(蓍草)가 없고, 또 요사이 세상에는 하지 않는 것이므로 알기가 쉽지 않으니, 길흉(吉凶)을 정하는 것이 어렵지 않을까?" 하니,

김과(金科)가 나와서 말하기를,
"점괘(占卦)의 글은 의심나는 것이 많으므로, 가히 정하기가 어렵겠습니다." 하였다.

임금이 말하기를,

"여러 사람이 함께 알 수 있는 것으로 하는 것이 낫다. 또 척전(擲錢)도 또한 속된 일이 아니고, 중국에서도 또한 있었다. 고려 태조(太祖)가 도읍을 정할 때 무슨 물건으로 하였는가?" 하니,

조준이 말하기를,
"역시 동전 던지기(척전 ; 擲錢)를 썼습니다." 하니,

임금이 말하기를,
"그와 같다면, 지금도 또한 동전 던지기(척전 ; 擲錢)가 좋겠다." 하고,

여러 신하를 거느리고 예배(禮拜)한 뒤에, 완산군(完山君) 이천우(李天祐)·좌정승(左政丞) 조준(趙浚)·대사헌 김희선(金希善)·지신사 박석명(朴錫命)·사간(司諫) 조휴(趙休)를 거느리고 묘당(廟堂)에 들어가, 상향(上香)하고 꿇어앉아, 이천우에게 명하여 반중(盤中)에 척전(擲錢)하게 하니, 신도(新都)는 2길(吉) 1흉(凶)이었고, 송경(松京)과 무악(毋岳)은 모두 2흉(凶) 1길(吉)이었다. 이에 한양에 도읍을 정하고, 드디어 향교동(鄕校洞) 동쪽 지세를 살펴 이궁(離宮)을 짓도록 명하였다.

임금이 어가를 돌이켜 광나루에 머물러 호종하는 대신과 더불어 말하였다.
"나는 무악(毋岳)에 도읍하지 아니하였지만, 후세에 반드시 도읍하는 자가 있을 것이다."[152]

---

152) 국사편찬위원회 조선왕조실록 태종실록 8권 태종 4년 10월 6일 기록(태백산 사고본).

위와 같이 한양에 도읍을 정하기까지는 매우 의론이 많았다. 터를 잡는 데에 옛 현인들의 관점이기도 하므로 몇 가지 표현을 그대로 옮긴다(이하 내용은 조선왕조 태종 4년 실록 10월 4일(임신일) 1번째 기록153)의 내용이다.

"어가가 무악에 이르러 임금이 중봉에 올라 사람을 시켜 흰 깃발을 한강 가에 세우게 하고, 사방을 바라보고 말하기를 "여기가 도읍(都邑)하기에 합당한 땅이다. 진산 부원군(晉山府院君)이 말한 곳이 백기(白旗)의 북쪽이라면, 가히 도읍이 들어앉을 만하다."

임금이 명당을 찾기 위하여 대신, 대산, 형조 그외 윤신달, 민중리 등을 모아 "거리낄 것 없이 각기 자기 말을 다하도록 하라. 이 땅과 한양(漢陽)이 어느 것이 좋은가?"

윤신달이 대답하여 말하기를
"지리로 논한다면, 한양(漢陽)의 전후에 석산(石山)이 험(險)한데도 명당(明堂)에 물이 끊어지니, 도읍할 수 없습니다. 이 땅은, 참서(讖書)로 고찰한다면, 왕씨(王氏)의 5백 년 뒤에 이씨(李氏)가 나온다는 곳입니다. 이 말은 이미 허망(虛妄)하지 않았으니, 그 책은 심히 믿을 만합니다. 이씨가 나오면, 삼각산(三角山) 남쪽에 도읍을 만들고 반드시 북대로(北大路)를 막을 것이라는데, 지금 무악(毋岳)은 북쪽으로 대로(大路)가 있으니 그 참서(讖書)와 바로 합치합니다."

---

153) 국사편찬위원회 태종실록 8권, 태종 4년 10월 4일 임신 1번째기사.

또 말하기를,

"눈앞에 세 강(江)이 끌어당기기를 만월(滿月)과 같이 한다는데, 이 땅에 세 강(江)이 눈앞에 있으니, 또한 참서(讖書)와 합치합니다. 태상왕 때 이 땅을 얻지 못하여 한양에 도읍을 세웠던 것입니다."

유한우(劉旱雨)가 말하였다.

"한양은 전후에 석산(石山)이 험한데도 명당(明堂)에 물이 없으니, 도읍할 수가 없습니다. 지리서(地理書)에 말하기를, '물의 흐름이 길지 않으면, 사람이 반드시 끊긴다.' 하였으니, 대개 불가한 것을 말한 것입니다. 이 땅도 또한 길지의 획정 범위 안에 바로 합치하지는 아니합니다."

민중리(閔中理)가 말하기를,

"도읍을 정(定)하려고 한다면, 천리(千里)의 안쪽에 산수"가 빙 둘러싸고 있는 곳은 모두 찾아보는 것이 마땅합니다. 만약 삼각산(三角山)에 올라가 사방으로 바라보고 명승지(名勝地)를 찾는다면, 혹은 요행히 얻을런지요."

임금이 말하기를,

"또 이 땅의 규국(規局)154)을 말한다면 괜찮은가?"

민중리가 대답하기를,

---

154) 길지(吉地)로 획정하는 범위 안의 땅.

"이 땅도 또한 규국(規局)에 바로 합치하지 못합니다. 반드시 외산(外山)이 빙 둘러싸고 있는 것을 살펴야 합니다."

이양(李良)이 말하기를,
"이 땅(무악)은 한양에 비하여 심히 좋습니다."

이양달이 말하기를,
"한양이 비록 명당(明堂)에 물이 없다고 말하나, 광통교(廣通橋) 이상에서는 물이 흐르는 곳이 있습니다. 전면에는 물이 사방으로 빙 둘러싸고 있으므로, 웬만큼 도읍할 만합니다. 이 땅은 규국(規局)에 합치하지 못합니다. 그러나 도읍하려고 한다면, 여기는 명당(明堂)이 아니고, 아래쪽에 명당이 있습니다."

임금(태종)이 말하였다.
"내가 어찌 신도(新都)에 이미 이루어진 궁실(宮室)을 싫어하고, 이 풀이 우거진 땅을 좋아하여, 다시 토목(土木)의 역사(役事)를 일으키겠는가? 다만 석산(石山)이 험하고, 명당(明堂)에 물이 끊어져, 도읍하기에 불가한 까닭이다. 내가 지리서를 보니, 말하기를, '먼저 물을 보고 다음에 산을 보라.' 하였으니, 만약 지리서를 쓰지 않는다면, 그만이지만, 쓴다면 명당은 물이 없는 곳이니, 도읍하는 것이 불가한 것은 명확하다. 너희들이 모두 지리를 아는데, 처음에 태상왕을 따라 도읍을 세울 때, 어찌 이러한 까닭을 말하지 아니하였는가?"

임금이 이양달을 불러 말하였다.

"네가 도읍을 세울 때 태상왕을 따라가서, 명당(明堂)이 물이 끊어지는 땅이어서 도읍을 세우는 데 불가하다는 것을 어찌하여 알지 못하였느냐? 어찌하여 한양에 도읍을 세우고 크게 토목(土木)의 역사(役事)를 일으켜서 부왕(父王)을 속였는가? 부왕이 신도(新都)에 계실 때 편찮아서 거의 위태(危殆)하였으나 회복되었다. 살고 죽는 것은 대명(大命)에 관계되는 것이다. 그 후 변고(變故)가 여러 번 일어나고 하나도 좋은 일이 없었으므로, 이에 송도(松都)에 환도(還都)한 것이다. 지금 나라 사람들은 내가 부왕의 도읍한 곳을 버린다고 허물한다."

이양달이 대답하기를,

"명당(明堂)이 비록 물이 없다고 말하나, 전면에 물의 흐름이 시작됩니다. 더군다나, 그때에 말을 다하고 숨기지 아니하였습니다. 다만 신(臣)이 전단(專斷)할 바가 못 되었을 뿐입니다."

임금(태종)이 조준에게 묻기를,

"도읍을 세울 때 경(卿)은 재상이었다. 어찌하여 한양에 도읍을 세웠는가?"

하니, 조준이 대답하기를,

"신은 지리를 알지 못합니다." 하였다.

임금이 말하기를,

"옳도다. 또 1리(里)를 내려가서 명당(明堂)을 찾도록 하라."

하니, 하윤이 대답하기를,
"좋은 명당(明堂)은 송도(松都)의 강안전(康安殿) 같은 것이니, 이 명당은 송도의 수창궁(壽昌宮)과 같습니다." 하였다.

위와 같이 개경, 무악, 한양 등을 두고 논란이 많았던 일을 점을 쳐서 최종적으로 결정하였다.

② 훈민정음 창제

훈민정음이 점을 친 사례는 아니지만, 점의 이론인 주역을 활용하고 있어서 소개한다.

조선 세종은 예전부터 전해 내려오던 전자(篆字)를 모방하여 소리를 적는 발음기호인 훈민정음을 창제하였다. 그 창제원리는 '훈민정음 해례본'에 기록되어 있는데, 한글의 모음은 천지인 삼재의 원리에 따라 만들었고(하늘 · 땅ㅡ, 사람ㅣ), 초성, 중성, 종성을 합하여 글자를 이루도록 한 것도 주역괘의 아래효에서 상효로 올라가며 천지인의 흐름을 본뜬 것으로 생각되며, '오, 아'는 양이고, '우, 어'는 음인 것 등에서 보듯이 주역과 음양의 원리를 바탕으로 하였다.

훈민정음의 창제원리를 밝힌 훈민정음 해례본에는 음양과 오행 그리고 수리철학의 응용법이 기록되어 있어서 전통철학을 아는 데 참고가 될 부분이 있다. 아래에서 철학에 관계된 부분은 소개하여 그 맛의 일부를 느낄 수 있도록 하였다.

"이달에 상께서 언문 28자를 만드셨다. 그 글자는 옛 글자를 모방한 것인데, 초, 중, 종성으로 나뉘고 합한 연후에 글자가 이루어진다. 무릇 문자에 관한 것과 우리나라의 속된 말에 관한 것도 모두 쓸 수 있고, 글자는 비록 간단하지만 전환하는 것이 무궁하니 이를 훈민정음이라 한다."155)

"(최만리 상소문 中) …설혹 말하기를, '언문은 모두 옛 글자를 본뜬 것이고 새로된 글자가 아니라'고 하지만, 글자의 형상은 비록 옛날의 전문(篆文)을 모방하였을지라도 음을 쓰고 글자를 합하는 것은 모두 옛 것에 반대되니 실로 의거할 데가 없사옵니다…."156)

[훈민정음 해례본 중(中) 일부]

천지의 이치는 오직 음양과 오행이다. 주역의 곤괘와 복괘의 사이에서 태극이 작용하여, 움직이고 멈추고 한 후에 음과 양이 생겨난다…. 이제 (훈민)정음을 지은 것도, 처음부터 지혜를 쓰고 힘을 써서 찾은 것이 아니고, 단지 그 소리와 이치를 지극히 연구했를 뿐이다.157) …어금니는 서로 맞물리니 목(木)이다…. 혀는

---

155) 조선 세종실록 102권 세종 25년(1443년) 12월 30일 두 번째 기사 "(是月, 上親制 諺文 二十八字, 其字倣古篆, 分爲初中終聲, 合之然後乃成字, 凡干文字及本國俚語, 皆可得而書, 字雖簡要, 轉換無窮, 是謂 訓民正音.
156) 조선 세종실록 26년 2월 20일庚子 : 儻曰 諺文皆本古字 非新字也, 則字形雖倣古之篆文…
157) 훈민정음 해례본 제자해(制字解) 중: 天地之道 一陰陽五行而已,坤復之間爲太極 而動靜之後爲陰陽… 今正音之作 初非智營而力索, 但因其聲音而極其理而已…牙錯而長, 木也....舌銳而動, 火也....齒剛而斷, 金也.... 脣方而合, 土也...然水乃生物之源…中聲凡十一字, 舌縮而聲深 天開於子也...地闢於丑也 形之平 象乎地也...ㅜㅓㅠㅕ之圓居下與內者 以其出於地而爲陰也....ㅛㅑ

날카롭게 움직이니 화(火)이다…. 치아는 단단하니 금(金)이다…. 입술은 모나고 합하니 토(土)이다…. 그러므로 물(水)은 사물을 낳는 근원이요….

중성(中聲)은 11자이니 혀가 수축하여 소리가 깊다. 하늘이 자(子)에서 열리니 형상이 둥근 것은 하늘의 모양을 본뜬 것이다…. 땅은 축(丑)에서 열린다. 형상의 평형함은 땅의 모양을 본뜬 것이다…. ㅜ ㅓ ㅠ ㅕ에서 둥근 것이 아래나 안에 놓여 있는 것은, 그것이 땅에서 생겨나서 음이 되기 때문이다…. ㅛ ㅑ ㅠ ㅕ가 모두 (놓인 것이) 겹친 것은 사람의 일을 본뜬 것이니, 사람은 만물의 영(靈)이므로, 능히 음양에 참여할 수 있기 때문이다. 천지인에서 그 모양을 취하였으니 삼재의 도가 갖추어졌다.

ㅗ는 하늘에서 났는데, 하늘이 1을 낳는 물(水)의 자리요.

ㅏ는 다음으로 났는데, 하늘이 3을 낳는 목(木)의 자리이다.

ㅜ는 땅에서 났는데, 땅이 2를 낳는 불(火)의 자리요.

ㅓ는 다음으로 났는데 땅이 4를 낳는 금(金)의 자리요.

ㅛ는 다시 하늘에서 났는데 하늘의 7이 불(火)을 완성하는 수요.

ㅑ는 다음에 났는데, 하늘의 9가 금(金)을 완성하는 수이다.

ㅠ는 2차로 땅에서 났는데, 땅의 6이 물(水)을 이루는 수요.

ㅕ之皆兼乎人者 以人爲萬物之靈而能參兩儀也 取象於天地人而三才之道備矣….
ㅗ初生於天 天一生水之位也. ㅏ次之 天三生木之位也. ㅜ初生於地 地二生火之位也. ㅓ次之 地四生金之位也. ㅛ再生於天 天七成火之數也. ㅑ次之 天九成金之數也. ㅠ再生於地 地六成水之數也. ㅕ次之 地八成木之數也.水火未離乎氣 陰陽交合之初 故闔, 木金陰陽之定質 故闢. ·天五生土之位也. ㅡ地十成土之數也. ㅣ獨無位數者 盖以人則無極之眞 二五之精 妙合而凝 固未可以定位成數論也. 是則中聲之中 亦自有陰陽五行方位之數也.以初聲對中聲而言. 陰陽. 天道也. 剛柔。地道也.……動者, 天也. 靜者, 地也. 兼乎動靜者,人也. 盖五行在天 則神之運也. 在地 則質之成也在人 則仁禮信義智 神之運也, 肝心脾肺腎 質之成也. 初聲 有發動之義 ,天之事也. 終聲有止定之義, 地之事也盖字韻之要在於中聲, 初終合而成音. 盖字韻之要在於中聲, 初終合而成音.

ㅕ는 다음에 났는데 땅의 8이 목(木)을 이루는 수이다.

수(水)와 화(火)는 기(氣)가 서로 분리되지 아니하였으므로 음양이 사귀고 합하니 고로 합하며, 목(木)과 금(金)은 음양으로서 바탕이 정해졌으므로 고로 열린다.

ㆍ는 하늘의 5가 토(土)를 낳는 자리이며,

ㅡ는 땅의 수 10이 토(土)를 이루는 자리이다.

ㅣ에만 오직 수(數)의 자리가 없는 것은 사람은 무극의 진수이니 2와 5의 정(精)이 묘하게 합하여 응고된 것이라서 위치를 정하여 위수(位數)나 성수(成數)를 논하는 것이 아직 가능하지 않기 때문이다.

이는 즉, 중성(中聲) 중에는 역시 음양오행의 방위의 수가 있는 것이다. 이를 초성 대비 중성으로 말하면, 음양은 천도(天道)이고, 강유(剛柔)는 지도(地道)이다….

움직이는 것은 하늘이요, 고요하게 정지된 것은 땅인데, 이 둘을 겸한 것이 사람이다. 대개 하늘에 오행이 있는 것은 신이 움직이는 것이요, 땅에 오행이 있는 것은 물질(質)을 이루는 것이다. 오행이 사람에게 있어서는 인의신예지(仁義信禮智)로 나타나는 것은 신(神)의 운행함이며 간장, 심장, 비장, 폐, 신장(肝心脾肺腎)으로 되는 것은 물질로 이룬 것이다.

초성이 피어나서 움직임을 드러낸 것은 하늘의 일이요, 종성이 끝냄을 드러낸 것은 땅의 일이다. 중성은 초성의 생겨남을 잇고 종성에 이어주어 이루어냄은 사람의 일이다. 대개 음절의 중심은 중성에 있는데 초성과 합하여 소리를 이루는 바, 이는 역시 천지가 만물을 생성하여도 재주를 이루고 모양을 보충함은 반드시 사람과 서로 함께하여야 하는 것과 같은 것이다.

상기 훈민정음해례 제자해(訓民正音解例 制字解)에는 음양, 천지인 삼재와 오행의 운행원리가 갖추어져 있으나, 이미 홍산문명의 핵심철학인 역리(易理)는 한 발짝 물러나 있고 천지인 삼재와 함께 주로 오행을 위주로 설명을 하고 있는 것을 보면, 이미 이 시기에도 중국의 영향이 민족 고유의 철학을 크게 변형시키고 있음을 느낄 수 있다.

③ 점에 관한 인식을 볼 수 있는 대화_조선 중기
왕(중종)이 주강에 나아갔다. 윤은보(尹殷輔)가 아뢰기를,
"천문(天文)은 예로부터 있는 것이지만 명과(命課)학158)은 없어도 되는 것입니다." 하니,

상이 이르기를,
"명과를 두어서 그 업무상의 일로 인해서 궐내에 드나들기 때문에 아랫사람들이 인견(引見)하는 것으로 의심한 것이다." 하매,

정응(鄭䧹)이 아뢰기를,
"천문은 곧 역상일월(曆象日月)로서 이는 당(唐)·우(虞) 때부터 전해오는 제도이고, 태사(太史)는 곧 재앙을 관측하고 재변을 살피는 것으로 하지 않을 수 없는 일이고, 복서(卜書) 역시 예로부터 거북점(龜卜)이 전해오는데, 후세에는 운명 해설에 빠지게 되었습니다.

---

158) 음양과(陰陽科) 초시(初試)의 과목(科目)으로, 음양·길흉·복서·역수(曆數)에 관한 학문이다.

음양(陰陽)과 오행(五行)은 모두 천리(天理)와 자연에 관계되는 것이어서 비록 안다 하더라도 도움됨은 없고 한갓 좌도에만 빠지는 것입니다." 하니,

상이 이르기를,
"천문과 복서는 아름답지 않은 것이 아니나, 지금은 매우 오류(誤謬)가 심하다." 하였다.

채침(蔡忱)이 아뢰기를,
"천문 · 지리(地理) · 복서(卜筮)는 곧 삼대(三代) 시절부터 전해온 것인데, 지금 지리는 풍수설(風水說)의 이단(異端)이 되고, 복서는 운명만 말하는 궤변(詭辯)이 되었습니다. 옛사람이 운명론에 대해 논란하기를 '남양(南陽)의 귀한 선비들이 어찌 모두 꼭 육합(六合)[159]에 맞은 것이며, 장평(長平)에서 학살된 군사들이 어찌 꼭 모두 삼형(三刑)에 걸린 것이겠는가?' 하였는데, 이는 정확한 논리입니다." 하였다.[160)

상(인조)이 소대(召對)를 명하여 《서전》을 강하였다. 상이 계의장(稽疑章)까지 읽고 하교하기를,
"이 편은 오로지 복서(卜筮)만을 언급하였는데 그 뜻이 어디에 있는가? 이는 상(商)나라 풍속이 귀신을 숭상하였는데, 아마 그

---

159) 111) 사주명리학의 '육합'이론과 '삼형'이론을 말하는 것임.
160) 중종실록 26권, 중종 11년 10월 23일 신미 2번째 기사(국사편찬위원회).

유풍인 듯하다. 경사(卿士)와 서민(庶民)이 찬동치 않음은 살피지 않고 거북과 시초점(占)만을 중시하였으니 이상하지 않은가?"161)

하니, 시독관 유성증(兪省曾)이 아뢰기를,

"순(舜)임금 때에는 '내 마음을 먼저 정한 뒤에 거북점을 친다.'라는 말이 있으니, 이는 중시하는 뜻이 아닙니다. 먼저 자기 덕을 닦고 복서(卜筮)에 물으니, 이른바 '귀신에 질정하여도 의심이 없다.'는 것입니다." 하였다.

상이 이르기를,

"지난 혼조(昏朝) 때에는 복설(卜說)에 현혹되어 궁중의 자질구레한 일까지도 반드시 점을 쳤다. 덕을 닦지 않고 무당 귀신을 믿는 자는 오히려 해를 받는 것이다." 하였다.162)

④ 점을 쳐서 최고 권력을 선발하는 복상제도

조선시대의 영의정 등과 같은 정승은 선발 당시의 현재 정승의 자리에 있는 시임의정이 신임 후보자의 복수의 명단을 작성

---

161) 서경의 홍범9주 계의의 내용은 정치를 함에 있어, 논리적으로는 판단할 수 없는 7가지의 일을 헤아리는 방법에 관한 내용인데, 판단하기 어려운 의심스러운 일에서 가장 중요한 것은 그 향후 결정 내용이 사람들의 마음에 닿는 것이 가장 중요하다는 전제에서, 이러한 사람들이 불안과 의문을 해소하는 방식으로 점(占)을 활용할 것을 말하고, 거북점과 시초점의 활용방법에 대한 내용을 적고 있다.
예컨데, 그대가 따르고 거북점도 따르고, 벼슬한 자들이 따르고, 서민도 따르면 이를 일러 대동이라 한다. (汝則從 龜從 筮從 卿士從 庶民從 是之謂大同), 네가 원하는 바와 거북점과 시초점의 결과가 같으나, 벼슬한 자들과 일반사람들이 원하는 바가 어긋나면, 안의 길은 길하고 바깥의 일은 흉한 것으로 판단한다(汝則從 龜從 筮逆 卿士逆 庶民逆 作內吉 作外凶). 거북점과 시초점의 결과가 사람들이 원하는 바에 어긋나면, 고요함을 쓰는 것은 길하나, 움직임을 쓰는 것은 흉하다 등이다.(龜筮共違于人 用靜吉 用作凶), 왕이 "경사(卿士)와 서민(庶民)이 찬동치 않음은 살피지 않고…"라고 한 부분은 계의의 내용을 잘 모르고 하는 말처럼 생각된다.
162) 인조실록 23권, 인조 8년 10월 26일 신미 3번째 기사(국사편찬위원회).

하는 것을 '복상단자'라고 하였는데 복상단자를 임금에게 올려서 임금이 낙점하는 방식으로 후임 정승을 선발하였다. 이렇게 선발하는 방식을 복상(卜相)이라 하는데 중국의 요(堯) 임금이 점을 쳐서 순(舜) 임금을 지명하였던 방식에서 유래하였다고 한다. 고대 동양에서는 최고 권력인 후계자나 정승의 임명에서 능력과 경력 외에도 길흉을 판단하는 요소를 가미하였던 것이다. 조선 왕실에까지 정승을 선발함에 점을 친 사례가 있는지는 알지 못하지만, 정승을 선발하는 절차를 복상(卜相)이라고 명칭을 사용한 것으로 보아서 이러한 요소를 가미하는 문화는 지속되어 온 것으로 생각된다.

조선 중종 임금이 복상(卜相)에 대해서 한 말을 보면 아래와 같다.
"복상(卜相)은 반드시 조심하고 삼가서 널리 선발해야 한다. 전일 서계(書啓)한 것은 직차(職次)에 따라 서계한 것이니 그 사람들이 누군들 정승이 될 수 없겠는가? 그러나 복상은 중대한 일이다. 전일 이유청은 삼재(三宰)163)로 정승이 되었었다. 지금 정부의 2품과 육경(六卿) 가운데 어찌 합당한 사람이 없겠는가? 다시 생각해서 직차는 따지지 말고 합당한 인물을 가려 서계하라. 없다면 모르겠지만 있다면 서계해야 한다. 이런 뜻으로 영상(領相)에게 주서(注書)를 보내어 물으라. 좌상에게는 사관(史官)을 보내라.164)"

조선 선조임금의 발언을 보자.165)

---

163) 좌참찬(의정부 정2품 문관)을 이르는 말이라고 한다.
164) 조선 중종실록 58권, 중종 22년 1월 17일 을미 5번째 기사(국사편찬 위원회).
165) 이하 조선선조실록 105권, 선조 31년 10월 8일 경신 3번째 기사(국사편찬위원회).

영돈녕부사 이산해, 해원 부원군(海原府院君) 윤두수(尹斗壽), 행지중추부사(行知中樞府事) 정탁(鄭琢) 등이 아뢰기를,

"복상(卜相)하는 일은 대단히 중대하므로 예로부터 반드시 현재 재상의 지위에 있는 자가 하였고 다른 자들은 감히 그 사이에 참여하여 논의하지 못했습니다. 신들은 비록 부름을 받고 들어왔으나 모두 산직(散職)에 있는 자들이어서 감히 외람되게 천거할 수 없습니다. 황공하게 감히 아룁니다." 하니,

왕이 답하기를,

"일반적인 규정으로 말하면 그렇지만 지금은 평상시와 다르고 우의정도 지방에 나갔으니 누가 하겠는가. 대신들이 하는 게 옳다. 명나라에 사신 보내는 일을 속히 시행하라." 하였다.

⑤ 유성룡의 임진왜란 점(明夷之復)

임진왜란이 발생한 이후 평양성을 놓고 명나라와 일본간 치열한 전투가 벌어졌다. 이해 겨울 유성룡은 평안도 안주(安州)에 머물면서 불길한 생각이 들어 주역점을 쳤는데 지화명이가 지뢰복괘로 변하는 명이지복(明夷之復)괘를 얻었다[166]. 동효인 3효의 효사는 "明夷于南狩하야 得其大首니 不可疾貞(밝음이 상하니 남쪽으로 사냥을 나가서 큰 머리를 얻는다. 급하면 안되고 바른 태도를 지녀야 한다)"였다. 천천히 남쪽의 수괴를 사냥하여야 한다는 것이니, 의병의 등장과 일본 전쟁

---

[166] 노승석 여해(汝諧) 고전연구소 대표, "[이순신의 窓] 전쟁 중 주역점으로 미래를 예견하다" 2020.01.16 데일리그리드(http://www.dailygrid.net) 기사 중 인용.

세력의 약화 등 임진왜란의 전체적인 흐름과 부합하는 효사였다.

⑥ 이순신의 원균에 대한 점(屯之姤)

이순신은 백의종군 기간 중인 1597. 5. 5일에 한산도에서 온 원유남을 통해 원균의 부하들이 이탈하여 위태롭다는 얘기를 들었다. 5. 10일에는 점술가 임춘경이 찾아와 얘기를 나누었다. 5. 12에 신홍수를 시켜 원균에 대한 주역점을 치게 하였다.[167] 수뢰둔괘가 천풍구로 변하는 둔지구(屯之姤)괘를 얻었다. 난중일기에서는 소강절의 체용론처럼 용괘 건(乾)이 체괘 손(巽)을 극하므로 "크게 흉하다"고 판단하였다. 원균은 63일 후 칠천량 해전에서 대패하여 수군을 모조리 잃었다.

둔괘는 주역의 4대 난괘 중의 하나이며 자리를 잡고 들어가는 지난한 상황이고 구(姤)는 미혹해 지는 것이니 가두어지고 미혹해 지는 괘상을 읽을 수 있다.

⑦ 이순신의 장문포 해전

1594년 9월 28일 이순신은 다음날부터의 전투를 앞두고 왜적을 토벌할 일에 대한 점을 쳐서, 첫 번째 점에서는 "활이 화살을 얻은 것과 같다(여궁득전 如弓得箭)." 두 번째 점에서는 "산처럼 움직이지 않는다(여산부동 如山不動)"라는 괘를 얻었다. 당시는 강화 협상으로 인하여 왜군을 마음대로 공격하기 어려운 상황이었다. 이순신의 당시의 전투는 비변사에서 주도하여 좌의정 윤두수의 추진

---

[167] 申弘壽來見, 以元公占之, 則初卦水雷屯 變則天風姤 用克體, 大凶大凶." -《정유일기》5월 12일, 출처 : 데일리그리드(http://www.dailygrid.net).

으로 의병장 김덕령이 3도 체찰사가 되어 주도한 작전이었다. 윤두수의 계획은 육군 3천을 보내어 수군의 지원을 받아 거제도에 상륙한 왜군을 소탕한다는 것이었는데, 수군인 이순신의 임무는 육군을 지원하는 작전이었다. 곽재우, 이덕령 등 수백 명이 상륙하여 왜군을 공격하였으나, 왜군은 험난한 고지에 성문을 굳게 닫고 산처럼 움직이지 않아서 아무런 전과도 거두지 못하고 철수하고 말았다. 활이 화살을 얻듯이 전투준비는 순조롭고 철저하였으나 별 전과 없이 끝나고 말았다.

사람이 할 수 있는 일을 다하고, 천명을 확인하는 군자의 자세를 볼 수 있다.

라. 기타

① 주공과 강태공의 추론 사례

주공(周公)이 강태공에게 묻기를 '어떻게 제나라를 다스립니까.' 묻자 (강태공이) '어진 이를 존중하고 공로를 숭상합니다'라고 하니, 주공이 말하기를 '후세에 반드시 임금을 시해하고 찬탈하는 신하가 있을 것입니다'라고 하였다.[168]

이에 강태공이 주공에게 묻기를 '어떻게 노나라를 다스립니까.' 하니 주공이 말하기를 '어진 이를 존중하고 친족을 친하게 합니다.' 하니 강태공이 말하기를 '후세에 점점 약하여질 것입니

---

[168] 오늘날 능력주의가 강조되고 당연한 원리인 것으로 주장되고 있으며, 한편으로는 친족을 중시하는 것과 유사한 원리인 엽관주의도 민주주의 원칙상 가능한 것으로 인정되고 있는데, 그 한계를 꿰뚫어본 주공의 안목을 소개하고자 이 글을 옮겼다.

다'라고 하였다.

(周公 問太公 何以治齊, 曰尊賢而尙功, 周公曰 後世 必有簒弑之臣. 太公 問周公 何以治魯 曰尊賢而親親, 太公 曰後世 寢弱矣…)169)

박정희 대통령은 조국근대화란 시대적 사명을 설정하고 국가를 과학주의, 능률제일주의를 바탕으로 발전시켜 나갔다. 박정희 정부의 사상은 당시 시행한 '국민교육헌장'에서 잘 나타난다. 마치 명나라 주원장이 육유(六諭)를 반포하여 백성들을 교화시켰듯, 박정희 대통령은 '국민교육헌장'을 반포하여 모든 학생들에게 암기를 하도록 교육하였다. 국민교육헌장의 본론 부분에는 이러한 표현이 있다.

"성실한 마음과 튼튼한 몸으로, 학문과 기술을 배우고 익히며, 타고난 저마다의 소질을 계발하고, 우리의 처지를 약진의 발판으로 삼아, 창조의 힘과 개척의 정신을 기른다. 공익과 질서를 앞세우며 능률과 실질을 숭상하고, 경애와 신의에 뿌리박은 상부상조의 전통을 이어받아, 명랑하고 따뜻한 협동 정신을 북돋운다."

'공익과 질서를 앞세우며 능률과 실질을 숭상'하는 것을 제일로 삼았던 박정희 정부는 "공로를 숭상하는 사회에 나타나는, 임금을 시해하고 찬탈하는 신하"에 해당하는 김재규의 총성으로 막을 내렸다. 주공이 강태공에게 하였던 역사법칙은 현재에도 계속되고 있는 듯하다. 시장경제는 능률과 실질에 대한 보상이

---

169) 明智部·周公 姜太公原文.

시장에서 이루어지므로 가장 능력주의가 심한 시스템이다. 이렇게 능력주의에 편도된 인격은 무의식이 질식되고 의식 과잉이 되므로, 주공이 지적한 대로 배신과 기회의 쟁탈을 필연적으로 수반하고 사회를 황폐화시키는 측면이 있다고 생각된다. 윤석열 대통령의 2024. 12. 3 비상계엄을 둘러싼 탄핵사태의 와중에서도 대통령을 가장 앞장서서 공격하는 정치인의 윤석열 대통령과의 20여 년의 인간적 인연이 극렬한 정치투쟁에서 거의 아무런 역할도 하지 못하는 모습을 볼 수 있었다. 능력주의가 만연한 우리 사회의 현실의 상징적 모습이라 생각된다. 능력주의가 우리 사회를 굴리는 하나의 바퀴라면, 그 부정적 측면을 보완할 수 있는 다른 바퀴는 무엇인지도 연구해야 한다.

② 대산 선생의 주역에 대한 인터뷰 내용

주역의 대가라고 알려진 김석진[170] 선생님은 2021. 7월 인터뷰에서 "처음에는 매일 점을 쳤는데, …(점의 결과가) 하루를 지내고 보면은 딱 맞아요, 그래서 무서워서 점을 못 쳤어요, 왜냐면 나쁜 괘 나오면 어떻게 하나…. 이렇게 귀신같이 맞는데 점쳐서 만약에 나쁜 괘가 나오면 걱정 사는 거 아니냐 해가지고, 그래도 계속 치다 보니까 하루하루 정신수양이 돼요. 거기에 이 괘가 나오고, 이 효가 변하면 이렇게 말씀을 했는데 이 말씀이 이거로구나 바로…. 그것이 하도 맞은 게 무서울 정도로 점을 쳤는데…. 주역이 점이 아니고 점책이 아니고 주역책인데 거기에 점하는 것이 들어 있단 말이죠…. 공부를 얼마나 하고 얼마나 수양을 했

---

[170] 2023. 2. 15에 향년 95세로 별세 하셨다.

느냐에 달렸지 귀신이 일러주고 뭐 이런 건 절대로 없어요…. 내가 처음에 점을 쳐 놓고 어리둥절하고 잘 모르다가 하나하나 깨쳐 나간 것도 내 노력으로 한 것이지 귀신이 있어서 귀에다 대고 일러주고 이런 거 없어요, 가장 과학적이에요."[171]

---

[171] 조현TV 휴심정, 김석진 선생 인터뷰
(https://www.youtube.com/watch?v=qyvmc3ZdSU0).

Ⅲ. 도덕이란 무엇인가?

가. 점(占)과 도덕

이상에서 살펴 본 바와 같이 역(易)을 올바른 점(占)의 용도로 사용하기 위해서는 가장 중요한 것이 가능 우주를 잘 구성하는 것이다. 현실 우주와 동일한 관념상의 가능 우주를 구성하고, 가능 우주에 무의식을 통하여 시간의 흐름을 입히면 현실적이고 구체적인 미래의 결과와 통하는 사건을 만날 수 있다. 그러므로 점(占)에서 가장 중요한 것은 점치는 사람의 관념세계에서 구성되는 가능 우주이다. 타로 카드에서도 타로 카드가 전제로 하고 있는 나름대로의 세계가 있다.

점치는 사람이 현실에 대응되는 가상의 우주를 완벽하게 이해하려면 현실 우주의 구성이나 원리도 역시 완벽하게 알아야 한다. 역(易)은 이에 관한 이론서이다. 그러므로 이 우주가 매우 다양한 면모를 가지고 있듯이 역(易)도 매우 다양한 면모를 가지고 있다. 그러므로 공자는 "역에는 성인의 도 4가지가 있으니, 이를 말로 쓰는 자는 괘효사를 높이고, 움직임에 쓰는 자는 그 변화를 높이고, 기물을 만드는데 쓰는 자는 괘상을 높이고, 서점(筮占)에 쓰는 자는 점치는 법을 높인다 하였다(易有聖人之道四焉, 以言者尙其辭, 以動者尙其變, 以制器者尙其象, 以卜筮者尙其占).

그러므로 역(易)에는 이 세상을 형성하고 움직이는 근본 원리가 모두 내재되어 있는데, 이를 찾아내어 체계적으로 정리한 학문이 유학(儒學)이다. 공자는 이런 작업을 거의 완벽히 해낸 대성인이다.

역(易)에는 그 기초를 구성하는 두 개의 기둥이 있는데 음양이다. 음양의 상징은 건(하늘)과 곤(땅)인데, 만물은 이 두 힘을 기초로 형성되고 유지 변화된다. 하늘을 상징하는 건괘의 괘사는 "원형이정172)"이다. 곤괘의 괘사는 "원형이 빈마지정173)"이다.

공자는 이를 해설하여 "원(元)은 선이 자라나는 것(善之長)이요, 형(亨)은 선한 것이 자라난 결과가 모이는 것이며, 이(利)는 선이 자라나고 모여서 결과물들이 각자 마땅하게 이루어진 것이며, 정(貞)은 선이 이룬 결과가 마땅하게 끝맺어지고 다시 선(善)이 자라나도록 이어 주는 것을 말한다(元者는 善之長也, 亨者 嘉之會也, 利者는 義之和也, 貞者 事之幹也)"라고 하였다.

곤(坤)괘에 대해서는 "하늘의 뜻을 받아 때에 맞추어 행한다(承天而時行)." 하였고, 곤괘 초효의 서리가 쌓인다는 의미를 "선을 쌓은 집은 반드시 경사가 있고, 선을 쌓지 못한 집안은 반드시 재앙이 있으니 그 유래는 점차 쌓이는 것이니 그 원인을 하루아침의 일 때문으로 판단할 수는 없다. 그래서 역에서 서리가 쌓여 얼음이 된다"174)라고 설명을 하고 있다.

세상을 움직이는 근본 원리가 선(善)과 선의 작용임을 밝히고 있는 것이다. 공자는 이러한 점을 다음과 같이도 밝히고 있다.

---

172) 元亨利貞.
173) 元亨利 牝馬之貞.
174) 積善之家는 必有餘慶하고 積不善之家는 必有餘殃 其所由來者 漸矣니 由辨之不早辨也 易曰 履霜堅氷至라하니 蓋言順也.

"성인은 상(象)을 세워 그 뜻을 다 보였고, 괘를 만들어 뜻과 거짓을 다 보였으며, 괘사를 지어 말씀을 다 보였고, 변하고 통하게 하여 그 이익을 다 드러내었으며, 두드리고 북돋우어 신(神)을 다 밝혔다. 하늘과 땅은 역(易)의 재료이다. 하늘과 땅이 늘어서면 역은 그 가운데에 생겨난다. 하늘과 땅이 없어지면 역이 나타나지 않으니 조금도 볼 수 없다. 그러므로 형상이 있기 이전을 도(道)라 하고, 형상이 있은 후를 기(器)라 하며, 변화하고 변형시키는 것을 변(變)이라 하며, 떠밀고 행동하는 것을 통(通)이라 하며, 천하의 사람들을 움직이는 것을 사업(事業)이라 한다. 그러므로 무릇 상(象)은 성인(聖人)이 천하의 깊숙한 부분을 살펴 빗대어 그것을 형용하여 모든 사물에 마땅하게 한 것이며, 그러므로 상(象)이라고 부른 것이다. 성인이 천하의 움직임을 보고, 그 모이고 통하는 것을 살피고 이로써 전례(典禮)를 하였으며, 괘상에 말(言)을 달아서 길흉을 판단하였다. 그러므로 6효라고 하였다. 천하의 지극히 깊숙한 부분은 괘에 있으며, 천하를 두드려서 움직이게 하는 것은 괘사의 말씀에 있고, 변하고 변형시키는 것은 변(變)에 있으며, 떠밀고 행위를 하는 것은 통(通)함에 있고, 신(神)과 밝음은 사람에게 있는 것이다.175)"

곧 주역이 도(道)를 드러내고 있으며, 모든 변화와 모든 인간의 행위와 모든 이익과 모든 사업을 포괄하며, 사람은 역을 통하여

---

175) 계사전 상 : 子曰:「聖人立象以盡意, 設卦以盡情偽, 繫辭以盡其言, 變而通之以盡利, 鼓之舞之以盡神, 乾坤其易之縕邪?」乾坤成列, 而易立乎其中矣, 乾坤毀, 則无以見易。易不可見, 則乾坤或幾乎息矣。是故, 形而上者謂之道, 形而下者謂之器, 化而裁之謂之變, 推而行之謂之通, 舉而錯之天下之民, 謂之事業。是故, 夫象, 聖人有以見天下之賾, 而擬諸其形容。象其物宜, 是故謂之象。聖人有以見天下之動, 而觀其會通, 以行其典禮, 繫辭焉以斷其吉凶, 是故謂之爻。極天下之賾者存乎卦, 鼓天下之動者存乎辭, 化而裁之存乎變, 推而行之存乎通, 神而明之存乎其人。

신(神)과 밝음(明)까지 얻을 수 있다고 하는 것이다. 이는 곧 도를 본뜬 인(仁)176), 천명(天命)과 명명덕(明明德) 친민사업(親民事業) 지극한 선에 머물기(止善) 등 유교의 핵심사상으로 연결된다. 주역은 '말할 수 없는 것에는 침묵하여야 한다'는 식의 제한적이고 유물론적인 태도가 아니라, 말할 수 없는 것들에 대하여는 상(象)을 세워 설명하고, 언어를 상징으로 사용하여 심오한 원리를 드러내고, 공간과 시간의 변화를 내보여 설명하는 등 이 우주의 모든 진리와 변화를 남김없이 드러내려고 하고 있다.

공자의 모든 말씀은 역리(易理)와 현실을 연관시켜 깨우쳐 주는 말씀이다. 논어의 공자는 이렇게 말하고 있다.

공자 : "삼아! 나의 도는 하나에서 나온다(吾道 一以貫之)."

증자는 이를 충(忠)과 서(恕)로 풀이했지만, 당시 대화의 상황에 맞는 비유였을 뿐 천하의 모든 상황에도 쓸 수 있는 것이 도(道)이다. 굳이 증자의 말을 이해하자면, 충이란 도(道)를 향해 나아가는 사람의 정성스런 마음상태 내지는 도를 함유하여 이를 중심으로 삼고 있는 상태를 말하는 것이고, 서(恕)란 상대방의 입장에서 보아도 어긋나지 않는 도(道)의 성질을 말한 것으로 생각된다. 모두 하나에서 나오는 것이다.

"도는 하나에서 나온다"는 것을 시사하는 가장 재미있는 문구는 논어 첫 구절이다. 다음에서 진리로 번역한 것은 곧 하나인

---

176) 하늘의 이치가 인간의 마음에 그대로 복사된, 공명된, 상태가 인(仁)이다.

도(道)를 말하는 것이다.

　논어의 첫 구절 : 공자 이르시길,
　- (진리를) 배우고 익히면 기쁨이 터져 나오지 않겠는가!
　　(學而時習之 不亦說呼)
　- (진리를 함께 공부하던) 친구가 찾아오니 즐겁지 않겠는가!
　　(有朋自遠方來 不亦樂呼)
　- (진리를 체득한 수준이) 사람들이 알아주지 않더라도 화가 올라오지
　　않는 경지가 된다면 지도자(군자)라고 하지 않을 수 있겠는가!
　　(人不知而不慍 不亦君子呼)

　공자는 논어의 첫머리에서 인간의 목표가 인간의 본질로서 우리 몸에 갖추어진 성리(性理)라는 "하나의 도"를 깨우치는 것임을 설파하고 있다. 건(乾)의 원형이정의 작용으로 생긴 성리(性理)는 우리의 몸과 마음에 내재적으로 각인되어 있는 것인데, 이를 깨우치는 것은 배움(學)과 때(時)에 맞추어 익힘(習)으로써 가능한 것이고, 그렇게 하면 우리 몸이 선천적으로 기억하고 있는 기쁨이 내부로부터 터져 나오는(說) "현상"을 말하고 있는 것이다.

　친구에는 두 종류가 있다. 대학에서 같이 학문을 공부한 동창처럼 평생 운명적으로 엮이기 쉬운 부류인 붕(朋)과 그냥 아는 사이였다가 헤어지기도 하는 지인(知人)과 비슷한 친구(友)가 있다. 위에서 말하는 친구 붕(朋)177)은 인간의 목표인 성리를 함께 공부

---

177) 붕(朋=珏)은 원래의 자형이 옥을 꿰어 늘어뜨린 모양으로서 고대에는 화폐의 단위였다. 즉, 한

하는 친구로서 붕(朋)을 말한다. 이 세상에서 인생의 목표라고 할 수 있는 진리를 같이 공부하는 친구가 있어 찾아와서 서로 가르쳐서 진리에 함께 나아가는 일보다 즐거운 일이 어디에 있겠는가? 그러므로 진리를 논할 벗(朋)이 찾아오면 세상에서 가장 기쁜 감정을 느낄 수 있는 "현상"을 말하고 있는 것이다. 주역 태괘 ䷹에서는 군자는 이 괘상을 보고 친구(朋)와 강론하여 서로 익힌다 라고 명확히 설명하고 있다(君子 以하야 朋友講習 하나니라). 태괘가 공부가 어느 정도 꽉 찬 단계를 나타내므로 참으로 현상에 맞는 설명이라 하겠다.

세상에서 가치를 창출하고 이익을 주는 진정한 지도자는 원형이정의 성리(性理)를 체득한 참된 군자이다. 이것은 주장이 아니라 인간사회에 사실로 존재하는 "현상"이다. 공자는 참된 지도자가 될 정도의 군자가 되었는지 여부를 판단하는 척도로서 성냄(慍)을 지목하였다. 이는 불교에서 인간의 모든 고통의 근원이 되는 3대 중죄[178) 중의 하나를 화냄(瞋)으로 보는 것과 정확히 일치한다. 탐욕이나 어리석음의 영역에서는 의도적이고 가식적일 수 있는 부분이 많으나 성냄은 자연적인 부분이 많으므로 예리한 척도라고도 하겠다. 마음속에서 자연스럽게 성냄이 올라오는 이유가 진리를 모르는 무지에서 비롯되므로, 진리를 체득함으로써 성냄을 극복할 수 있는 현상을 표현하고, 성냄을 대하는 정도에 따라 사

줄에 꿰어진 옥의 이미지를 갖고 있다. 이러한 이미지가 발전하여 꿰인 듯이 밀접한 친구간의 관계를 지칭하는 글자가 되었다고 생각된다. 그래서 생사를 같이하는 정치집단을 붕당(朋黨)이라고도 한다.
178) 삼독심(三毒心)이라 하며 '탐진치(貪瞋痴)'이다. 욕심 내고(貪), 성 내고(瞋), 어리석은 것(痴)을 의미한다.

람의 수양됨과 지혜를 볼 수 있기에 공자께서 이렇게 말하신 것으로 생각된다.

이 처럼 역(易)은 무한한 가능 우주를 모두 포괄하고 그 안에 모든 변화를 담고 있으므로, 현실의 문제를 관념과 형이상의 세계에서 시뮬레이션을 할 수 있는 도구가 갖추어진 것이고, 이러한 이유로 훈민정음 창제와 같은 과학적인 일이나 철학, 문학, 군사, 정치 등에도 이용될 수 있지만 점(占)에도 이용될 수 있는 것이다. 그러나 점(占)으로 나아가기 이전에 이미 '가능 우주'에서 완전한 진리를 담고 있기 때문에 혹자는 주역이 점치는 책이 아니라 하기도 하고, 점을 칠 필요가 없다고도 하며, 주역은 철학서라고 주장하기도 하며, 의리역이 상수역보다 우월한 것이라고 하기도 한다. 그러나 공자는 말한다.

"군자가 거처하는 곳에서 편안한 것이 역(易)의 시작이요, 즐겁게 가지고 맛보는 것은 역(易)의 효사이다. 그러므로 군자는 머물 때는 역(易)의 상(象)을 관찰하고, 효사를 가지고 음미하며, 움직일 때는 변화를 관찰하고 점(占)을 쳐서 음미하니, 이것이 하늘이 돕는 것이고, 길(吉)하여 불리함이 없다고 하는 것이다"[179]

즉, 이상적인 인간은 머물 때나 움직일 때나, 점(占)을 통하여 우주의 깊숙한 곳에서 작용하는 상(象)을 관찰하고 음미하며, 상

---

[179] 계사전 상 : 君子所居而安者, 易之序也. 所樂而玩者, 爻之辭也. 是故, 君子居則觀其象而玩其辭, 動則觀其變而玩其占, 是以自天祐之, 吉无不利.

(象)에 붙은 글을 연구하고, 상(象)의 변화를 살피고 통하는 법을 연구하여 형이상의 도(道), 형이하의 기(器), 세상의 변통(變通)을 알아서 사업(事業)을 펼칠 수 있는 존재가 되어야 한다는 것이다. 그러므로 군자의 도는 점(占)을 통하여 훈련되며, 점(占)을 통하여 괘효사를 음미하는 수양의 활동에 의해서 도덕이 발견되고 훈련되며 생활에서 실천되므로 점(占)은 도덕을 수양하는 도구인 것이다. 점을 통하여 주역은 현실문제에서 살아 움직이는 실체가 되고 도덕을 부양하는 힘이 된다고 할 수 있다.

나. 도덕의 정체

그런데 왜 십익을 지어서 주역을 유교경전의 최고봉으로 만든 공자는 선(善), 인(仁) 등 도덕의 원리를 발견하여 정리를 하게 되었을까? 이른바 의리역을 만들었을까? 제자들과 후학들은 왜 또 이런 가르침을 원하고 연구하였을까? 이는 동양의 역사를 모두 설명할 수 있는 중요한 문제이다.

앞에서 살펴 본 것처럼, 일체 만물을 낳고 자라게 하는 것을 선(善)이라고 하였으므로 선(善)은 우주변화의 원리이다. 우리의 일상에서도 따뜻한 말 한마디, 작은 도움 하나가 모두의 마땅함에 좋은 것이면 선(善)으로 평가될 수 있다. 선(善)이 중정(中正)을 잃으면 불선(不善)으로 변한다. 사물과 인간의 모든 상황에서 중정(中正)을 가진 선(善)을 발견하는 것은 우리의 시공간 속 변화에서 가장 이상적인 변화를 추구하는 것이고 이는 곧 도덕률을 발견하는 것이다. 그러므로 도덕률이란 이상적인 변화의 원리이고, 우주변화의 핵심원리이며, 모두를 선하고 행복하게 하는 열쇠가 되므로, 인간이 세상에 태어나서 변화 속에 존재하면서 이 이상의 고상한 가치를 찾을 수는 없기 때문이다. 그러므로 도덕이란 우주의 원리가 상황에 맞게 드러난 것이라고 정의할 수 있다. 이러한 점은 옛날에 어린아이들이 처음으로 공부하던 동몽선습의 첫 구절에서도 명백히 나타난다.

동몽선습 : "천지지간의 수많은 만물 중에서 인간이 가장 최고로 귀하니 그 이유는 인간이 오륜을 알기 때문이다."[180]

인간이 단지 어릴 때의 훈련으로 몸에 윤리를 익힐 수 있으므로 인간이 존엄하다는 뜻이 아니라, 인간만이 우주자연의 전체와 일체가 될 수 있고 오륜을 알고 실천하는 것은 그 증거이자 방법이며, 윤리를 통하여 신(神)과 명(明)을 아름답게 드러낼 수 있기 때문에 인간이 존귀하다고 한 것이다. 우리나라 헌법학자들은 헌법 10조의 인간의 존엄성을 해명하지 못하고 있다. 이런 것이 해명되지 않은 상태에서 헌법이론이 해석되고 최고법의 역할을 하고 있는 현상은, 법이 기술자들의 일이 되어 있는 코메디 같은 현상이라 볼 수 있다.

사람은 역(易)을 통하여 광대무변한 우주원리와 합일되고, 도덕은 그 변화의 중심원리이며, 인간은 도덕을 통하여 우주와 신성

---

180) 동몽선습 : 天地之間萬物之衆, 惟人 最貴, 所貴乎人者 以其有五倫也.

에 합일되고 훈련하며, 변화의 세계에서 이상적으로 대처하고 인격적 완성과 신성(神性)을 드러낼 수 있게 된다. 이러한 원리는 우리의 무의식에 선천적으로 갖추어져 있기 때문이다.

실제로 주역 십익 중의 하나인 상전(象傳)에는 모든 괘상(卦象)에 대하여 군자의 도덕률을 설명하고 있다. 괘상(卦象)을 이해하지 않으면 도덕률을 충분히 이해할 수 없고, 도덕률을 이해할 수 없으면 괘상(卦象)에 대한 이해도 할 수 없는 것이다. 그러므로 도덕의 진면목을 이해할 수 있으면, 우주변화의 원리를 깨우치는 것이고 이는 완전한 인격과 신성으로 발전하게 될 수 있는 것을 의미한다. 실제로 점(占)을 치고 변화를 음미하는 것은 대단한 사유와 도덕적 훈련이 되고, 보다 깊은 인격적 경지로 들어가는 수단이 된다. 예에 대해서 표현하고 있는 대표적인 괘상으로 천택리(䷉, 天澤履)가 있다. 천택리의 괘사는 "호랑이 꼬리를 밟는데 물리지 않는다. 형통하다(履虎尾 不咥人 亨)"이다. 지혜가 없이 세상을 살아가는 것은 호랑이 꼬리를 밟는 행위이다. 당연히 호랑이에게 물리게 된다. 그러나 예를 알아서 행하면 호랑이에게 물리지 않는다. 얼마나 형통한 일인가? 예, 즉 도덕이 변화의 세계에 대처하는 유일하고도 효과적인 방법임을 말해 놓은 것이다. 나약한 인간이 대우주를 헤쳐 나가는 방법이 오로지 예(禮)에 있음을 압축적으로 말하고 있는 것이다.

다. 도덕률 사례 1개

주역에는 수많은 도덕률이 드러나 있으나, 여기에서는 공자가 사례로 든 건괘 1개의 일부에 대해서만 살펴보기로 한다.

건괘는 하늘을 상징하는 괘이다. 그러므로 건괘가 드러내는 원리는 모든 인간의 원리이다. 동시에 건괘는 순수한 양을 나타내는 괘이므로 특히 남성의 생활원리에 더 강하게 작용되는 원리라고 볼 수 있다.

건괘의 괘사에서의 원리는 원형이정(元亨利貞)이다. 이에 대하여 공자는 문언전에서 아래와 같이 설명한다.

원(元)이란 선함이 자라나는 것이요, 형(亨)이란 기쁨이 모이는(증가하는) 것이요, 이(利)란 마땅함이 조화를 이룬 것이요, 정(貞)이란 받드는 것(=일)의 줄기이니,

군자는 인(仁)[181]을 체득하므로

어른이 되기에 충분하며,

기쁨으로 모일 때에도 예(禮)에 맞게 하며

물질적 이익을 얻을 때에도 마땅함과 조화되게 하며,

마땅한 바가 굳건하여 일의 줄기를 이어감에 족하다.

군자는 이 4가지를 행하는 자이므로 건괘에서 원형이정이라고 한 것이다.

---

[181] 인(仁)이란 진리를 깨우친 상태의 마음을 말한다. 한자 仁은 하늘의 이치를 보존한 상태이므로, 유전자를 그대로 보존하고 있는 '씨앗'의 의미도 파생적으로 가지고 있다.

> 〈원문〉
> 文言曰 元者 善之長也. 亨者 嘉之會也. 利者 義之和也. 貞者 事之幹也.
> 君子體仁 足以長人.
> 嘉會 足以合禮.
> 利物 足以和義.
> 貞固 足以幹事.
> 君子行此四德者 故曰 乾元亨利貞.

하늘의 운행원리가 그대로 사람의 행동원리로 설명되고 있다. 도덕원리가 곧 우주변화의 원리이며, 인간 내부의 무의식에 존재하는 성리(性理)와 동일한 원리임을 드러내고 있는 부분이다.

말이 나왔으니, 원형이정에 대해 조금만 더 가보겠다. 위 내용을 해석하면 아래와 같다.

- 원(元)이란 양의 근본작용으로서 만물을 생성하고 가치를 창조하는 힘이므로 우주에서는 선함(善)이 생겨나 자란다고 하였다. 인간사회에서도 양(陽)에 속하는 사람은 스스로 생각하고 무에서 유를 창조하며, 약하고 어린 것을 보살피고 성장시켜 사람들을 이롭게 한다. 원(元)은 양의 근본 작용이므로 이 작용을 그대로 깨우치면 인간의 속성에서는 인(仁)이 된다. 인(仁)은 일반적으로는 어질다는 뜻이지만, 정확한 뜻은 사람(亻)에게 하늘(二 ← 공간을 나타낸

그림)이 담긴 것으로 곧 도를 깨우친 사람의 마음이다. 이러한 사람은 인간사회의 어른이 될 수 있으므로 군자는 인을 체득하여 어른이 되기에 족하다(君子體仁 足以長人)라고 한 것이다. 약간 논점을 벗어나는 말이지만, 공자는 인을 체득해야 어른이 되기에 족하다고 하였다. 맞는 말이라고 생각된다. 나이만 먹는다고 어른이 되는 것은 아니다. 그냥 성인이 되는 것뿐이다. 진리를 체득하지 않으면 나이를 먹는 것이 의미가 없다. 물론 사회경험, 생활경험에서도 진리는 단계적으로 체득할 수 있다. 그러므로 나이 든 사람은 정상적인 상태라면 존경을 받는다. 이것도 우주법칙이다. 그러므로 효(孝)도 우주법칙에 따른 것이다. 그러나 작은 사회단위부터 큰 사회단위까지 그 곳에서 지도자 또는 어른의 역할을 할 수 있는 사람은 나이 먹은 사람이 아니라 인(仁)을 체득한 사람, 즉 이치와 지혜를 얻은 사람이 되게 된다.

 원(元)은, 양의 본질적이고 으뜸가는 속성이므로 우주만물을 창조하고 성장시키고 재생한다. 분열된 것을 연결시키고, 분산된 것을 모이게 하며, 생명을 불어넣어 창조하고 생산한다. 건이 이러한 속성의 활동을 하면 일체 만물은 건도변화를 따른다(首出庶物 萬國咸寧). 그러므로 인간사회에서도 가장 필요한 속성이다. 이러한 속성 때문에 동양에서는 화폐의 단위로 원(元)을 사용해 왔다. 돈이 사회에서 사람을 연결하고 협력하게 하며 생산하게 하는 것을 잘 포착한 명칭이라 생각된다. 돈의 속성으로서 화폐단위 원(元)이 의미하는 바는 창발하고, 창조하고, 생산하며, 이롭게 하는 자에게 분배되는 가치라는 의미로 해석될 수 있겠다. 한국은 한글을 전용하게 되면서 정신문화가 퇴보한 탓인지 화폐의 단위를 원(元)에서 '원'으로 변경하였고 현재 우리 사회에서 화폐 단위의 이러한 의미는 완전히 퇴색되어 있다. 시장경제에서 원(元)의 의미가 복원된다면 가정과 사회에 조금이라도 긍정적인 영향을 미칠 수 있을 것으로 생각한다.

- 형(亨)이란 기쁨이 모이는 것, 기쁨이 증가하는 것이라는 의미는, 양이 성장하여 세상에 이로운 일을 만들어 내는 것이므로 기쁨이 자꾸 생기는 현상을 말한다. 인생을 살면서도 가끔씩 기쁜 일이 생긴다. 모두 지혜를 쓰고, 양과 같은 태도로 적극적으로 창발하고 위험을 감수하며[182] 지혜롭고 창조적으로 헌신을 하였기 때문에 나타나는 일들이다. 만약 이러한 처신이나 행동이 없으면 인과율에 따라 기쁜 일은 일어나지 않는다. 형(亨)의 단계에서는 양이 작용하여 세상의 일들이 생겨나는 단계이므로 기쁨이 모이는 것이라 하였다. 이러한 기쁜 때에는 마음이 허물어지기 쉽고, 오만하게 되기 쉽다. 또 방종하여 일탈하게 되기도 쉽다. 군자는 이러한 기미를 알고 기쁨을 누림에서도 예(禮)를 지켜서 기쁨을 더욱 격식 있게 하고 나쁜 일의 단초를 막아 양의 힘이 쇠퇴하는 것을 보존하려 한다. 그러므로 군자는 기쁨을 누림에 있어 예에 합치하게 한다(嘉會 足以合禮)고 한 것이다. 최근에도 돈을 잘 버는 인기 스타들이 마약으로 작품과 재산과 명예를 한 순간에 잃는 것을 보았다. 이는 嘉會 不足以合禮이니 어찌 나쁜 일이 일어나지 않겠는가?

---

[182] 그래서 건괘 3효에 군자는 종일 노력하고 저녁에 두려워하나 허물은 없다 하였다. 건괘의 가장 큰 특징 중의 하나가 두려워하는 마음이다.

예는 매우 중요하다. 예절이란 예가 절도를 갖춘 것이니 예(禮)라고 통일적으로 말하겠다. 한민족(韓民族)에게는 고래로부터 놀라운 문화가 있었다. 2인 이상이 모이면 언제나 그 사람들 간의 관계를 최적화해서 항상 최선의 힘을 이끌어 내려고 하는 문화가 있었다. 사람과 사람이 만나서 집단을 이루어도 무질서해 지지 않으며, 언제나 최선의 관계를 찾아서 그 집단이 가진 능력을 최대로 끌어내서 발휘하게 하고, 나쁜 일이 생기는 것을 사전에 억제하는 방법, 그것이 바로 우리 민족의 예절문화였다. 우리 사회에서 정신문화가 퇴보하면서 예(禮)에 대한 인식과 방법과 형식이 상당히 퇴보하였다. 치열한 경쟁사회인 시장경제에서 인간의 집단적 상호작용에서 최대의 효율을 이끌어 내는 방법으로서의 예(禮)의 효용에 주목하여 이를 창조적으로 발전시킬 필요가 있다고 생각된다.

- 이(利)란 물질적 이익을 얻는 방법에 관한 현상이다. 우주자연은 물질적 효용을 생산하면서 조금의 인과율도 어기지 않는다. 우주자연이 물질적 이익을 생산해 내는 방법은 "마땅함"이다. 그래서 사물을 이롭게 하는 작용이 마땅함과 조화를 이루기에 족하다(利物 足以和義)라고 한 것이다. 메마른 땅에는 곡식이 메마르고, 기름진 땅에는 곡식이 풍요로운 현상은 한마디로 자연의 이치(元)가 오로지 "마땅함"을 창조의 원리로 삼고 있다는 것을 보여주는 것이다. 그러므로 우리가 경제활동에서 이익을 바라고 구함에 있어서도 마땅함을 그 원리로 삼아야 한다. 수요가 큰 곳에서 큰 이익이 나고, 창조적이고 효용이 큰 곳에서 큰 이익이

나는 것은 우주원리에서 파생되는 것이다. 그러므로 인간의 소망에 따라서 머릿속에서 만들어진 평등한 경제, 공동생산, 공동분배 같은 원리에 현혹되는 것은 진실된 원리에 의지하지 않고 인간의 망상에 의지하는 매우 어리석은 것이다.

　복지를 통하여 인간다운 풍요로운 생활을 바라는 것도 참으로 어리석은 것이다. 창조적으로 헌신하지 않고, 마땅한 결과를 넘어서 더 큰 결과를 바라는 마음은 이치에 어긋나는 것이고 정신적 죽음 상태에 있는 것이다. 창조적이고 생산적인 사람의 결점을 들춰내어 파괴하는 정신을 가진 자들도 죽음의 정신 상태에 있는 것이다. 이런 사람들은 스스로 파멸한다. 스스로 불행하게 되며, 누구도 구원해 주지 못한다. 그러므로 자신을 행복하게 하는 가장 첩경은 스스로 움직이는 원(π)을 본받아 주체적으로 되고 스스로를 창조적으로 교육하고, 생산적으로 활동하여 마땅하게 얻어질 이익만을 추구하는 것이다.

　현실에서는 불우하게 태어난 사람, 불우한 환경에 빠진 사람들은 자신을 창조적이고 생산적인 사람으로 교육하기도 어렵고, 그러면 창조적이고 생산적으로 활동하기도 어렵다. 참으로 안타까운 일이지만, 그 또한 인과율이 조금의 오차도 없는 우주질서가 만든 결과이니 누구를 탓할 수 있는 일은 아니다. 원형이정의 순환이 무궁하고 끝이 없는 것처럼, 우주에는 막힘이라는 원리 자체가 없기 때문에 반드시 어딘가에는 통로가 있다. 그래서 우리 속담에 "궁하면 통한다"라는 말도 있다. 스스로를 돌아보고, 가르침을 구하여 자신의 문제는 자신이 구출하여야 한다. 이럴 때 가장 효율적인 방법이 자신의 문제에 관계된 좋은 책과 좋은 스승을 구하는 것이다. 이보다 효율적인 방법은 없을 것이다. 가난한 가정에서 태어나 독학으로 학업을 마치고 변호사 대통령이 된 에이브러햄 링컨 같은 사람이 하나의 사례가 될 수 있을 것이다.

— 정(貞)이란 양(元)의 작용이 끊임없이 계속될 수 있도록 스스로를 보존하는 원리이다. 즉, 이치를 알아서 언제나 그 진리 안에서 머물고 행위를 하도록 하는 한결같고 변함없는 굳센 지혜를 말하는 것이다. 원(元), 형(亨), 이(利)의 단계를 거쳐 만물을 창조하고 성장시키고 마땅함에 맞추어 이익되는 결과를 낳은 힘은 그러한 작용을 다음에도 영원히 계속하기 위하여 재창조를 위한 지혜를 잃지 않는 것을 필요로 한다. 이러한 단계가 없으면, 우주자연의 작용은 단 1회 만에 끝나고 말 것이다. 마치 겨울이 없으면 다음해 봄에 씨앗이 발아되지 못하는 것처럼, 하늘이 스스로의 작용력을 보존하여 영속하려는 원리가 없으면 천지창조의 작용은 계속되지 못하고 우주는 사라져 버릴 것이다. 그러므로 "바르게 지킴(貞)의 굳건함(固)이 일의 줄기가 됨에 족하다(貞固 足以幹事)"라고 한 것이다.

이러한 정(貞)의 원리처럼 개인이나, 가정이나, 국가나 사회도 보존과 재생산을 위한 활동단계를 매우 중요시한다. 자연의 원리이므로 저절로 그렇게 된다. 기업이 이익의 일부를 연구개발에 투자하는 것이나, 컨설팅을 받는 것이나, 국가사회가 미래세대를 위한 활동에 투자하는 것이나, 개인이 자식을 낳기 위해 노력하는 것이나, 가정이 성씨 또는 문화 또는 가훈을 통해서 그

정체성을 이어가기 위해 노력하는 것이나, 개인이 원칙과 소신을 가지는 것이나 모두 정(貞)의 원리에 기인하는 것이다.

현실적으로 눈앞의 어려운 문제들의 해결에 급급하거나, 마음과 정신이 어둠에 가려져 지혜가 부족한 상태가 되어 정(貞)의 원리에 집중하기 어렵다. 그러나 무슨 이유가 되었던 이러한 원리에 충실하지 못하면 그러한 주체는 지속되지 못하고 파괴되고 소멸한다. 그러므로 현대를 살아가는 개인들은 언제나 스스로 학문을 탐구하고 경험을 축적하여서 자신을 지키고 발전되게 할 원리와 원칙과 지혜를 찾아 내면화하는 것이 매우 중요하다. 이것은 우리가 하는 일의 줄기가 되고, 인생의 줄기가 되며, 행복이라는 나무를 꽃피우는 줄기가 된다.

정(貞)의 원리와 관련하여, 사회생활에 매우 유용할 수 있는 포인트가 있다. 정(貞)은 개인이 진리를 지키는 정도를 나타내는 척도이고, 얼마나 상대방에게 헌신하는 사람인가에 대한 척도이고, 얼마나 가정에 헌신하는가, 얼마나 소속집단이나 사회에 헌신할 수 있는가 하는 척도가 되므로 "진리 안에서 머물고 행위하도록 하는 굳센 지혜가 어느 정도 있는지"를 유추하여 상대방의 가치를 평가할 수 있다. 물론 주체성, 창발성, 생산성, 업적 등을 통하여 사람의 가치를 평가하여야 하고 할 수 있지만, 사람이 일시적으로 성과를 내고 업적을 만들었다 하더라도 언제 해로운 존재로 될지는 알기 어렵다. 그러나 사람에게서 얼마나 정(貞)의 원리에 충실함이 있는가를 살펴보면, 이후에 있을 일을 유추할 수 있다. 요즘 인간시장이나 마찬가지인 개인방송에 보면, 방송을 참 재미있게 하여 구독자도 많고 인기도 많은데, 쓰는 말이 욕설이 많고, 교언영색하고, 의리가 있어 보이지 않는 사람들이 적지 않다. 즉, 유능한 것처럼 보이는데 진리 안에서 머물고 행위하도록 하는 굳센 지혜는 적어 보이는 사람들이 있다. 유능하게 보인다고 하여 사회생활에서 이런 사람들을 가까이 한다면 후에 반드시 곤혹스러운 일을 겪게 될 것임을 정(貞)의 원리에서 유추할 수 있다.

이상에서 살펴본 바와 같이 원형이정 이 네 가지 덕목은 건괘에서 온 것이며, 인간의 무의식의 근원에서는 본성인 성리(性理=인의예지)로 나타난다. 자연에서는 춘하추동 4계절로 나타난다. 모든 인간은 성리(性理)의 측면에서는 평등하다. 그러나 무지의 베일을 벗겨낸 정도에서는 매우 다양한 상태로 존재한다. 무명(밝음을 가림)의 두께가 다르고 진여훈습의 정도가 천차만별이고 무의식에 새겨져 있는 업식의 모습이 헤아릴 수 없이 다양하다. 그만큼 각자의 가치도 다르고 현실세계에서의 불평등 현상도 생겨난다. 그러나 현실에서 불평등한 현상이 인간의 평등을 부정하는 것은 아니며, 인간이 평등하다고 하여 현실세계에서 언제나 평등하게 되는 것도 아니고 평등하게 되어야 하는 것도 아니다.

역리(易理)에서 도덕률이 발견된다는 것에 대하여 설명은 이 정도에서 멈춘다.

라. 2종류의 사람들

사람을 나눈다면, 크게 2종류로 나눌 수가 있다. 하나는 무의식 아래에 존재하는 진여의 작용이 의식의 범위까지 잘 드러나는 사람이고, 다른 하나는 그렇지 못한 사람이다. 즉, 카르마의 탁도에 따라 사람은 진여(眞如)의 훈습이 잘되는 사람이 있고, 진여의 훈습이 잘 일어나지 않는 사람이 있다. 진여의 훈습이 잘 일어나는 사람은 이른 바 선근(善根)의 종자가 있는 사람으로서, 진여의 나타남인 자연질서를 존중하고 순리적 현상에 따라서 살아가고자 하는 사람이다. 반면에 카르마가 탁하여 진여의 훈습이 잘 일어나지 않는 사람은 진여의 나타남인 우주질서의 순리를 잘 모른다. 그러므로 양심이나 도덕률 같은 무의식에서 일어날 수 있는 현상에 영향을 적게 받으며, 의식의 영역에서 학습한 지식과 사상에 압도되고 경도된다. 인위적이고 지식적인 관념과 도그마에 사로잡혀 자신만의 이론과 세계에 갇혀 현상세계를 해석하고 변혁시키려 한다. 즉, 지식에 의해 병드는 자가 되는 것이다. 그러므로 인간의 공부란 카르마의 탁도를 낮추어 무의식의 심층에 있는 자신의 본질이 의식의 현상세계에 드러날 수 있게 하는 일련의 과정이라 할 수 있다.

> "슬프구나, 사람이 닭과 개가 도망가면 찾을 줄을 알면서, 자기의 마음을 잃고서는 찾을 줄을 알지 못하니, 학문하는 방법은 다른 것이 없다. 그 놓아 버린 마음(放心)을 찾는 것일 뿐이다.183)"

인간이 인생을 살아가면서, 물론, 현상세계를 이해하고 조직하고 변혁시켜야 한다. 그러나, 진리가 아닌 사상이나 욕심이나 망상에 근거하여 현상을 해석하거나 조직하거나 변혁시킨다면 우리는 자연질서의 무자비한 응징을 받는다. 주역의 천뢰무망괘의 괘상은 이러한 점을 잘 보여 준다. 그러므로 현상세계를 해석하고 조직하고 변형시키는 것도 우주의 이치에 따라서 하여야 한다. 우주의 이치란 것은 형이상학적인 것이나, 사람의 인식을 통하여 경험의 세계에서 입증되거나 경험의 세계에 비추어 확인될 수 있다. 그러므로 사람의 머릿속에서 만들어진 망상이나 다름없는 인공질서에 따라서 사회현상을 해석하고 조직하고 추구하는 정치사상들은 교활한 인간들이 자신들의 이익을 추구하기 위한 일시적인 포장술에 불과할 뿐이다. 대표적인 사례를 한 가지 든다면 북한헌법 제8조를 들 수 있다.

"(북한 헌법 제8조 전단)조선민주주의인민공화국의 사회제도는 근로인민대중이 모든 것의 주인으로 되고 있으며 사회의 모든 것이 근로인민대중을 위하여 복무하는 사람중심의 사회제도이다."

그러나 생각해 보자. 우주나 자연질서의 중심이 사람인가? 진리의 관점에서도 사람이 먼저인가? 이런 황당한 헛소리가 달콤하게 들리는 이유는 듣는 사람이 탐욕에 눈이 먼 때문이다. "사람중심", "사람이 먼저"라는 말은 탐욕에 사로잡힌 인간들을 충동질하여 유혹하기 위한 수단에 불과할 뿐 전혀 객관적인 현

---

183) "哀哉! 人有雞犬 放則知求之, 有放心而不知求, 學問之道 無他, 求其放心而已矣."_출전:《孟子》「告子章句上 11章」
　　이 표현에서 놓아 버린 마음이란 것은 무의식의 심층에서 자연스럽게 올라오는 지혜와 양심의 경향에 주목하지 못하고, 의식의 세계에서 욕심과 망상에 빠져서 자신의 본질을 잃어버리는 것을 말하는 것이다.

실이 아니다. 이러한 구호는 진리의 영역에서 경험적으로 검증될 수 없고 검증되지도 않는다. 이러한 구호는 진여가 훈습되지 않는 사악한 인간들이 자신들의 이익을 위해 사람들의 고통을 만들어 내는 사기술일 뿐인 것이다. 무의식에서의 진여의 훈습이 무디어진 사람들은 소위 내로남불을 자연스럽게 하게 된다. 진여가 작용을 잘 하지 않기 때문이다. 그렇기 때문에 의식의 세계에서는 미국을 혐오하는 사람이 이익의 유불리만을 따져서 자식을 미국에 보내어 살게 하면서 뭐가 잘못된 것인지를 모르거나, 잡범으로 교소도에 있으면서도 국가의 정의를 부르짖는 희한한 사람들이 있는 것이다. 의식과 무의식 세계에 대한 통찰은 이러한 탐욕스럽고도 교활한 사악함을 구별할 수 있게 해 준다는 면에서도 매우 유익하다.

Ⅳ. 요하문명(홍산문명)에 대한 중국 측 주장에 관한 생각

　중국은 2007년까지 동북공정을 끝내고 홍산문명을 중국의 뿌리문명으로 체계화하는 작업을 하였다. 내용의 골자는 현재 중국 영토 안에서 일어난 역사는 모두 중화민족의 역사라는 것으로 '요하문명(=홍산문명)'을 중국의 뿌리문명으로 규정하는 것이라고 한다. 중국의 입장은 아래 문장에서 압축적으로 잘 드러난다고 생각된다.

　"화하문명은 (…) 유일하게 중단된 적이 없는 문명이다. 현재 이 지역에서 사는 사람들은 고대 문명을 만든 후예이고, 이 지역 역시 동일한 문명이 진보·발전하여 지속돼 온 것이다. (…) 중화문명은 황하, 장강 유역에 정착하면서 오래전부터 농경생활을 해온 화하문명과 그 밖에 유목생활을 중심으로 하는 소수민족의 문명을 포함하고 (…) 장기간의 교류 과정에서 한족을 중심으로 56개 민족이 다원일체의 구조를 형성했다.[184]"

　한마디로 중화민족을 모든 민족이 섞인 잡민족으로 규정하고, 중국내 모든 민족의 역사가 중국의 역사라는 황당무계한 이론이 그 토대가 된 것 같다. 만약 영국 백인들이 중국 일부에 이주하

---

184) 중국 베이징대 국학연구원이 2006년에 전4권으로 간행한 〈중화문명사〉의 맨 앞 '총서론'의 일부라고 한다(출처 : '중화사상'에 날린 통렬한 직설, 2019.10.19 한겨레신문 기사에 인용된 글).

여 살게 되면 영국역사도 중국역사가 될 수 있는 논리이다. 예컨대 독일이 1898년부터 1914년까지 산동반도 남해안 교주만을 조차하여 통치한 적이 있으니, 필요시에는 독일 역사도 중국역사가 될 가능성이 열려 있는 셈이다.

홍산문명이 중국역사인 것이 사실이면 중국대륙은 우리민족의 무대가 될 가능성이 크게 열리는 것이며, 언젠가는 우리 한민족이 수복하여야 할 땅이 될 수 있다고 생각된다. 필자는 중국의 역사연구에 대해서는 잘 모른다. 이 책은 역사연구에 관한 책이 아니고, 홍산문명에서 나타난 철학적 영감을 우리 한국사회에서 발견하는 책이다. 그러나 중국이 홍산문명을 중국의 역사로 주장하고 있는 것이 현실이다 보니, 중국의 홍산문명에 대한 주장과 결론을 한번 생각해 보는 것은 필요해 보인다.

중국은 자신들의 역사를 삼황오제시대에서 시작되었다고 주장한다. 이때는 이른바 중국의 전설시대인데, 삼황은 태호복희, 염제신농, 여와라고 한다. 1992년 정도 이전에는 중국은 자신들이 염황의 자손이라고 하여 염제신농과 오제시대의 인물인 황제를 자신들의 대표적 시조로 주장하여 왔으나, 1997년경 동이족의 조상인 태호복희를 중국시조의 하나로 추가하여 하북성에 중화삼조를 모신 사당 '중화삼조당'을 짓고 삼황이라 부르고 있다. 태호복희는 주역팔괘를 만든 분이다.

환단고기에는 한웅천왕으로부터 5세를 전하여 태우의한웅이 계셨고, 그분의 아들이 12명이었는데 막내의 이름이 태호(太皥)였고 복희(伏羲)라고도 불렀다고 한다. 삼신께서 성령을 내려주시는 꿈을 꾸고 만물의 근본이치를 꿰뚫어 보게 되어 삼신산에서 제사를 지내고 괘도를 얻으셨다고 기록되어 있다.[185] 태호복희의 진짜 능은 산동성 미산현에 있는 것으로 알려지고 있다.

그러나 홍산문명의 우하량 유적에서 팔괘의 석판이 발견되었고, 다수의 태극문양 유물이 발견된 이상 팔괘를 만든 태호복희가 중국인이 아니고 고조선 지역의 홍산문명인 임은 입증되었다고 생각된다.

중국이 동이족을 조상으로 받드는 나라가 되었으니 중국 영토도 우리의 영토로 보아야 하는지 참으로 괴상하다. 사실 중국의 서쪽과 남쪽지역 일부를 제외한 대부분 지역이 동이족의 강역이 맞기는 하다. 그렇다고 중국이 우리와 같은 동이족의 국가는 아니다. 중국 주장의 핵심은 중화민족을 모든 민족이 섞인 잡민족으로 규정하므로 만주에 사는 조선족의 역사도 중국의 역사이므로 조선의 역사는 중국의 역사라는 논리로 이해된다.

중국의 이런 식의 역사관에 따르면, 어떤 나라든지 중국을 침략하여 영토를 뺏으면 그 영토는 침략과 동시에 침략국의 역사가 되어버리므로, 중국 영토는 누구라도 침략해서 빼앗아도 되는 나라가 된다. 왜 이런 반지성적이고 황당무계한 일을 할까? 아마 현재의 중국정치체제가 정당한 원리에 의해 수립되거나 운영되고 있지 않고, 소수민족을 억압하여 일부 민족이 더 많은 이익을 차지하는 구조이고, 정상적인 국가라기보다는 중국 자체가 공산당의 재산목록 1호 정도로 다루어지고 있기 때문에 다양한

---

185) 환단고기 태백일사 신시본기.
　　일부 사람들은 환단고기가 위서이다 라며 색안경을 끼고 보는 견해가 있는 것 같으나, 환단고기와 비슷한 내용을 담고 있는 국내의 일부 책을 제외하면 이 정도 시기까지 거슬러 올라가서 자세한 기록과 설명을 하고 있는 역사책 자체가 인류에게 존재하지 않는다.

소수민족을 억압하고 묶어 두기 위한 용도와 한민족을 비롯한 주변 국가들을 침략을 하기 위한 이론적 토대를 만들어 두고자 하는 것으로 생각된다. 실제로 중국의 지도자 습근평(習近平)은 2017년 4월 6~7일 미국 플로리다 마라라고에서 미국대통령 도널드 트럼프를 만난 자리에서 "한국은 역사적으로 중국의 일부였다"고 말했다.186) 이미 중국이 하이브리드 방식187)으로 한국에 대한 침략을 시작하였거나 시작할 의사가 있다는 것을 천명한 것으로 볼 수 있는 발언이라 평가할 수 있다. 중국과의 전쟁에 대한 대비를 충분히 하여야 한다고 생각된다.

민족이란 개념은 동일한 혈통 또는 문화 등을 공유하는 집단을 구획하여, 국가 또는 이와 유사한 사회적 단위에서의 인간의 공동체 활동과 생활에 이익과 편리를 얻고자 하는 개념이다. 중국이 주장하는 중화민족과 같은 혈통과 문화를 초월하는 민족개념을 주장한다면 아세아민족, 대동아민족, 태평양민족, 남방민족, 북방민족, 검은머리 민족, 갈색머리 민족 등등 얼마든지 민족개념을 만들어 내어 어떠한 침략이든지 정당화할 수 있고 연고권을 만들어 낼 수 있다. 홍산문명이 중국의 뿌리문명이란 주장은 한마디로 욕심이 과해서 생긴 코메디 같은 주장이라 생각된다.

---

186) 중앙일보 2023.8.30 시진핑 탐구 기사 참조.
 (https://www.joongang.co.kr/article/25188213).
187) 중국의 새로운 형태의 전쟁개념인 초한전(超限戰)을 말한다. 인민전쟁이라고도 부른다.

ns/md
V. 현대 한국 역사의 이해

    홍산문명을 이룩한 그 옛날의 사람들은 후손을 통하여 시공을 이어와서 이제 한반도와 만주 요동을 중심으로 한 지역에서 살아가고 있다. 한반도 외부의 북쪽지역은 한족 공산단체의 사유재산이 되어 있고, 한반도 내부의 북쪽지역은 김씨 집안의 사유재산으로 존재하며, 한반도 남부만이 대한민국이라는 다수 대중의 공동체 사회가 되어 있다.

    자유민주공화국 대한민국의 역사적 시원(始源)은 임시정부가 수립되기 전인 1900년 전후부터 시작한다고 생각된다. 한반도 및 만주지역 일부와 한민족을 사유재산처럼 소유했던 이씨 왕족이 세력을 잃으면서 비로소 사람들의 자유를 회복시킨 민주공화국이 건국될 수 있는 토대가 마련되었다. 이성계의 이씨 가문은 절대권력과 신분제와 유교를 결합한 토착유학을 통하여 국가, 사람, 사상적 지배의 세 가지 측면에서 우리 민족을 정신과 육체적 재산적으로 완벽하게 지배하였다. 이러한 이씨 가문의 지배방식은 현대에도 한반도 북쪽에 그대로 복제되어 현대 김씨 가문의 사유재산적 지배를 탄생시켰다. 아마 김일성은 이성계를 자신의 모델로 삼은 것으로 생각된다.

    현대 한국의 탄생 이전에, 이씨 가문이 국가와 민족을 소유한 내용은 1899년에 반포된 아래 「대한제국 국제(國制)」에서 느껴 볼 수 있다고 생각된다.

『1899년의 대한국 국제』[188]

제1조 대한국은 세계 만국에 공인된 자주독립한 제국(帝國)이다.

제2조 대한제국의 정치는 500년간 전래되었고, 앞으로 만세토록 불변할 전제정치이다.

제3조 대한국 대황제는 무한한 군권을 향유하니 공법에 이른 바 정체(政體)를 스스로 정함이라.

제4조 대한국 신민이 대황제가 지닌 군권을 침손하는 행위가 있으면 이미 행하였건 아직 행하지 않았건 신민의 도리를 잃은 자로 인정한다.

제5조 대한국 대황제는 국내의 육·해군을 통솔하고 편제를 정하며 계엄과 해엄(解嚴)을 명한다.

제6조 대한국 대황제는 법률을 제정하여 그 반포와 집행을 명하며, 만국의 공통된 법률을 본받아 국내 법률도 개정하고 대사(大赦), 특사(特赦), 감형, 복권을 명하니 공법에 이른바 율례(律例)를 스스로 정함이라.

제7조 대한국 대황제는 행정 각부부(各府部)의 관제와 문무관의 봉급을 제정 혹은 개정하고 행정상 필요한 각 칙령을 발하니 공법에 이른바 치리(治理)를 스스로 행함이라.

제8조 대한국 대황제는 문무관의 출척(黜陟), 임면을 행하고 작위, 훈장 및 기타 영전(榮典)을 수여 혹은 박탈하니

> 공법에 이른바 신하를 스스로 선발함이라.
> 제9조 대한국 대황제는 각 조약국에 사신을 파송, 주재하게 하고 선전(宣戰), 강화(講和) 및 제반 약조를 체결하니 공법에 이른바 스스로 사신을 파견함이라.

위 시기부터 우리나라 대한민국의 역사를 살펴보면 다음과 같이 이해된다.

---

188) 한국민족문화 대백과사전 대한국 국제(大韓國 國制)의 내용 인용.

1. 흩어짐의 시기(1897~1910년경)

위 1899년 즈음의 시기에는, '대한국 국제'의 내용과 같은 이씨 가문의 전제적 국가 소유와 세도정치 등으로 인한 민생파탄은 국민들의 능력을 계발하지 못하고, 심각한 경제적 궁핍을 야기시켜서 사회의 기초를 감(坎, ☵)괘의 상태로 만들었다. 감(坎, ☵)은 물, 어려움, 장애 등을 상징한다. 반면에 당시 사회의 상층부들은 일제를 비롯한 세계열강들과 접촉하면서 자극을 받아서 새로운 변화의 필요성을 느끼고 의욕하는 상태였다. 단지 치명적 단점은 경험과 기술이 별로 없는 상태라는 것이었다. 이러한 상태는 손(巽, ☴)괘에 해당한다. 따라서 당시의 우리 사회의 상태를 괘상으로 나타내면 ䷺(풍수환, 환渙)에 해당한다. 환(渙)은 흩어진다는 뜻이다.

이 괘상의 효사에서는 "왕이 종묘를 찾고, 큰 어려움을 맞아 이를 헤쳐 나가려고 하고, 물위에 배가 떠 있는 물상"이 보인다. 효사에서는 "씩씩한 말을 탄 구원자의 출현(의병?)", "연단에서 열변을 토하며 분주한 일", "몸을 돌보기 어려운 상황", "왕의 자리에서 땀을 뿌리며 정신이 없는 상황"을 말하고 있고, 끝까지 잘못되면 "피를 뿌리며 흩어지고, 멀리 달아나 허물을 피하는 일"을 말하고 있다. 천명에 의지하지 않고, 인욕과 기득권을 위해 천하를 사유재산처럼 지배한 패도체제가 망하면서 비로소 자유대한민국의 성립을 위한 기초적 여건이 조성될 수 있게 되었다. 그러나 이 시기부터 구체제 조선의 부활을 꿈꾸는 독립세력과 새로운 나라를 꿈꾸는 독립세력의 2가지 경향이 나타나면서, 구체제 조선의 민족, 자주, 주체, 사회전체주의를 금과옥조로 여기는 퇴행적 수구세력과 자유와 개방을 핵심가치로 여기는 진보적인 세력이 대립하는 시원(始原)이 형성되기 시작하였다. 수구세력과 진보세력은 외교적으로는 구조선의 중화사상에 빠진 명성황후 같은 친중국 세력과 신문명에 대한 통상교류를 주장하는 친해양(친미 친일) 세력의 대립으로 구도화되었다. 갑신정변[189]은 그 상징적 사건이다.

구체제 쇄국조선적 부활을 꿈꾸는 독립세력들은 자신들의 독립구국항쟁을 공적으로 내세우며, 민족, 자주, 주체, 권력숭배 등 폐쇄적인 구체제 수구사상으로 사람들에게 호소하며, 우리 한민족이 자유와 개방으로 새로운 길을 개척하는 것에 대립하며 오늘날까지도 그러한 명맥을 유지하고 있다. 오늘날에도 중화사상의 변형인 친중사상, 반일사상, 친일파 처단, 반제국주의 주장, 미군점령군론, 토착왜구론은 이러한 퇴행적 수구세력의 대표적 주장이 되고 있다. 이 부분이 오늘날 한국의 역사에서 구체제 수구사상을 가진 조선인들과 개방과 자유인권 사상을 가진 진보적 한국인이 분기되는 결정적인 계기로 생각된다. 해방 이후 현대 한국의 역사는 이러한 수구사상의 구조선인들과 진보적 한국인들 간의 협력과 대립의 역사라고 생각된다. 2024년 말부터 2025년 초로 이어지는 현재의 계엄탄핵 정국도 이러한 구조선인[190]과 한국인의 갈등이라고 한마디로 표현될 수 있다고 생각된다.

---

189) 1884년의 개화당 정변.
190) 구조선의 의식을 가진 사람들을 표현하는 수사로 사용하는 말이다.

2. 멸망 전쟁의 시기(1894~1919년경)

전항의 단계에서 상층부는 흩어져 버렸으므로 죽음의 물상을 가진 곤(☷)에 해당한다. 하층부는 사회지도층을 중심으로 상당한 저항이 나타났으므로 감(坎☵)에 해당한다. 그러므로 한일합방 전후는 지수사(師䷆)에 해당한다. 사(師)는 사람의 무리, 전쟁을 의미하는 상(象)이다. 상층부가 지도력을 가지고 있지 못하기 때문에 하층부가 여론주도자들을 따르면서 의병, 농민봉기 등 무력봉기가 일어나는 현상이다. 후삼국 시대의 궁예, 왕건, 견훤 등도 이러한 현상이 나타난 것이고, 고려말 이성계 등이 두각을 나타내며 창칼을 든 것도 이러한 법칙에 따른 것이다. 통상 이러한 현상이 있으면 다음 시대를 여는 승리자가 새로운 나라를 건국하고 새로운 엘리트가 성립하는 것이나, 대한제국의 멸망은 외세에 의한 것이었으므로 새로운 지배자와 엘리트는 일제에 의해 억압되거나 결정되었고, 시대를 기다려서 1945년 광복 이후에까지 이러한 현상이 나타나게 되었다.

3. 곤란과 피지배의 시기(1910년경~1920년경)

1. 항의 단계에서 조선은 흩어져 버렸다 상층부는 와해되었으니 곤(坤 ☷)으로 볼 수도 있고, 의병세력 또는 망명정치가들이 있으니 감(坎 ☵)으로 볼 수도 있으나, 망명운동가들의 세력이 국가 구성요소로서의 정치세력으로 보기에는 미미하므로 한일합방 이후에는 곤(坤 ☷)으로 보는 것이 맞다고 생각된다. 조선 멸망 후에 하층부인 일반 국민들은 일제에 의해 억압과 세뇌를 당해서 완전히 복종해야 하는 상태로 되었으므로 역시 곤(坤 ☷)에 해당한다. 의병들이 좀 강력했다면 감(坎 ☵)으로 볼 수도 있겠으나, 국내에서 의미 있는 의병은 별로 없었다고 생각되기 때문에 한일합방이 좀 지난 시기에는 곤(坤 ☷)으로 보는 것이 맞겠다. 그러므로 조선멸망 후 초기에는 감위수(䷜), 3.1운동 이후 완전히 억압된 후에는 곤위지(䷁)의 상태로 보는 것이 적절하다고 생각된다.

감위수(䷜)의 시기에는 아래에 있는 서민층에는 억압과 탄압으로 인한 갖가지 어려움이 나타나고, 상층부에서는 진리와 가치에 목숨을 거는 지사·선비들, 엘리트에 의한 구사상이나 구체제 유지 노력 등이 드러나며, 마지막에는 형옥이 베풀어지고 갇혀서 몰락하는 물상이 펼쳐지게 된다. 식민지배 후기에는 곤위지(䷁)에 해당하는 상태이므로, 하층부에는 서리와 얼음으로 상징되는 엄혹한 어려움이 나타나고, 중층부에는 일제의 체제에 순응하여 실력을 기르는 새로운 엘리트층이 나타나며, 상층부에는 시대의 환경에 가장 순응하여 일제의 체제에 모범적으로 순응하는 세력이 형성되며; 이들과 독립정치가들의 피를 흘리는 대립의 물상이 나타난다(龍戰于野 其血玄黃). 이 시기에는 일제라는 공통의 적이 있었으므로 구체제 조선의 반외세, 민족, 자주(주체), 사회전체주의를 금과옥조로 여기는 수구세력과 자유와 개방을 핵심가치로 여기는 진보세력 간의 대립이 상당부분 억제되었다고 생각된다. 즉, 공산사회주의 및 구조선인 계열과 이승만으로 대표되는 한국인들의 갈등이 수면 아래에 있고 어느 정도는 서로 협력하고 연합하여야 하는 상태였다.

4.3. 재생의 시기(해외 1920~1948년경)

　독립정치가들의 독립운동과 독립에 우호적인 국제적 환경으로 인하여, 지배층에 해당하는 세력이 해외에서 적극적으로 형성되었고, 국내에서도 일제에 순응하거나 타협하면서 형성된 엘리트들을 중심으로 민심이 주도되기 시작하였으므로 곤위지(䷁)괘의 5효가 변하여 수지비(䷇)괘로 변하였다. 수지비의 물상은 올바름에 대한 호소가 일어나고, 대중들에게 지도자의 지도력이 환영받는 시기이므로, 조직적인 체제가 형성되고, 세력들이 아래에서부터 받아들여지면서 뭉치고 형성되는 물상이다. 이 시기의 대부분은 구체제 조선의 반외세, 민족, 자주, 주체, 사회전체주의를 금과옥조로 여기는 퇴행적 세력과 자유와 개방을 핵심가치로 여기는 진보 세력의 대립이 있었지만, 시기의 말미로 갈수록 그 대립은 점점 더 선명하게 나타나기 시작하였다.

5 4. 시작이 어려운 시대(1945년경~1953년경)

　상층부 지도자들의 활동과 영향력 그리고 국가 외부로부터 들어오는 새로운 문물로 인하여 가장 아래층인 서민들도 크게 영향을 받아 국민들이 깨어나기 시작한 때였으므로 하층부의 괘상이 진(진 ☳)으로 변하는 수뢰둔(䷂)괘의 물상이 된다. 지도자를 잘 세우는 어려움(利建侯), 혼란과 어려움(不寧), 시행착오 등의 물상이 보이는 시기이다.

　새로운 국가 대한민국의 리더십을 형성하는 시기에 들어서는, 구체제 조선의 민족, 자주, 주체, 사회전체주의를 금과옥조로 여기는 구세력과 자유와 개방을 핵심가치로 여기는 진보 세력 간에 극심한 대립이 나타나기 시작하였다. 이 시기에는 한반도 북쪽에는 구체제 조선의 방식으로 영토와 사람을 지배하는 김씨 집안의 사유재산적 봉건지배체제가 수립되었고, 한반도 남쪽에는 진보적 한국인들이 주도권을 가지고 국민주권의 새로운 나라인 대한민국이라는 민주공화국이 수립되었다. 남쪽의 대한민국에서는 건국의 주도권을 자유·개방을 이념으로 하는 진보세력이 잡았기 때문에, 구체제 조선의 민족, 자주, 주체, 사회전체주의를 지향하는 퇴행적 세력은, 자유·개방세력을 퇴출하기 위하여 지하조직, 의식화, 데모, 찬탁운동 등 각종 수단을 통하여 도전하면서, 오히려 자신들을 진보세력이라고 명명하고 사회에서 활동하였다. 그러므로 이후의 한국사회의 흐름은 자유 개방을 핵심가치로 하는 한국인 세력과 구제체의 가치인 민족, 자주, 주체, 사회전체주의를 핵심가치로 하는 구조선인 세력의 대립적 활동으로 전개되기 시작하였다.

 6.25전쟁도 이러한 퇴행적 조선인 세력이 자유인권과 시장경제를 추구하는 한국인 세력을 말살하기 위하여 일으킨 전쟁이라 해석할 수 있다. 실제로도 조선인들의 독립운동 단체였던 '조선민족전선연맹'이 중국 국민당과 제휴하여 설립한 조선의용군은 중국공산당 팔로군 산하로 들어가 활약을 하면서 '동북인민해방군'으로 개편되고 일본패망 후인 1949년경까지는 약 5만 병력으로 몸집을 불려서 북한으로 들어와서 대한민국을 침략하는 6.25전쟁의 선봉에 서서 한국 국민들을 학살하였다. 수뢰둔괘 3효의 사슴을 쫓아 수풀에 들어가 길을 잃은 몰이꾼 같은 어리석은 조선인들의 6.25 사슴몰이는 한국인들을 크게 일깨우며 실패하고 말았다. 그런 면에서 6.25전쟁에서 대한민국의 분투와 활약은 구체제 조선의 의식에서 벗어나지 못하는 퇴행적 세력의 저항과 폭력을 이겨내고 자유민주주의를 한반도 남부에서 굳건하게 뿌리내린 사건이란 점에서도 민족사적인 발전이고 승리의 역사로 이해될 수 있다.

6. 5. 혁신의 시기(1954년경~1961년경)

　새로운 나라의 자유 · 개방세력인 상층부는 새로이 형성되고 확장되며 그 아래에 사람과 조직을 갖추어 기득권화되었고 진취적 리더십이 부족하여 태(☱)괘의 상태가 되었고, 사회의 하층부도 개화되고 교육받은 시민들이 늘어나서 리(☲)괘로 변하였으므로 혁(䷰)괘의 물상이 나타난다. 혁괘는 물과 불이 서로를 낳아서 그 뜻이 대립하는 형상이므로 하층부와 상층부의 급격한 충돌이 일어나는 물상이다. 그러므로 아래의 불과 위의 물에 해당하는 당파의 형성, 급격한 대립과 충돌, 싸움, 문명의 펼쳐짐, 국가로드맵(治歷明時) 등의 물상이 나타난다.

7. 6. 진보의 시대(1961년경~1980년대 중반)

1961. 5. 16 군사정변으로 권력을 장악한 사건이 발생한 이유는 위 혁(䷰)괘의 괘상에서 보듯이 아래에 있는 뜨거운 밝음이 상괘의 연못에 가두어진 상황에서 불과 물이 충돌한 현상이다. 즉, 죽어가는 조선사회를 방관할 수 없었던 급진적 개화세력이 갑신정변을 일으킨 것처럼, 신문물의 도입하여 민족의 낙후된 상태를 벗어나고자 하는 급진적인 생각을 가진 세력들이 기존의 정체되고 부패한 사회에 급진적인 변혁을 가하고자 일으킨 정변으로 평가할 수 있다. 이러한 정변은 일본의 명치유신 구한말의 갑신정변[191], 중국의 신해혁명처럼, 외부의 앞선 문물의 자극을 받은 진보세력이 낙오된 자신의 사회를 개선하기 위하여 감행한 급진적 운동이라 평가할 수 있다. 한국은 이러한 진보세력의 급진적인 활약에 힘입어 세계사에 유례를 찾기 힘든 한강의 기적을 이룩하였다. 5.16 정변은 갑신정변과 함께 한국 근대사의 진보혁명으로 평가되어도 무방하다고 생각된다. 혁명이란 천명을 바꾼다는 의미인데, 5.16은 무능하고 낙후된 한국사회에 근본적인 변혁을 가했다는 점에서, 또 이념적으로도 중화사상과 폐쇄적 민족주의에 빠져 공산주의를 추구하는 구조선의 의식에서 벗어나지 못하는 세력들을 한국사회에서 배제하고 반공을 제1의 국시로 삼고 유엔

---

191) 1884년.

과 미국을 중심으로 한 자유 우방과의 협력을 우선시하였다는 점에서 천명을 바꾼 사건으로도 평가될 수 있다고 본다. 이 점은 천명을 바꾸지 못하고 구조선의 민족 자주 폐쇄사상에서 나오지 못한 오늘날의 김씨 북한을 보면 더욱 분명해진다.

5.16으로 탄생한 군사정부는 일제시대와 같은 군사경찰국가 체제로 공권력을 운용하고, 이와 더불어 어설프지만 유신[192]이라는 사상을 내세우고, 경제개발 로드맵을 공표하고 수출 100억불 1인당 국민소득 1,000달러라는 확고한 목표를 제시하며 추진하는 태도를 취하고, 학교교육과 사회운영을 포함하여 사회를 전체적으로 장기간 병영화(兵營化)하였으므로 억압된 사회의 하층부는 다시 일제시대와 마찬가지로 서서히 곤(☷)괘에 가깝게 변하였고, 상층부는 점점 실력과 체제를 갖추어 기득권화 되어갔으나 군사정부는 뚜렷하고 진취적인 목표를 가지고 있었으므로 이(☲)괘로 변하였다. 그러므로 이 시기는 화지진(䷢)괘로 볼 수 있다. 진(晉)괘는 태양이 땅위를 비추며 나아가는 괘상이므로, 괘효사에 나타난 것과 같이, 지도자의 밝음과 솔선수범, 밝은 인재들을 등용하고 상을 주는 물상, 상층부와 하층부가 단합하고 발전하는 물상이 나타난다. 지도자의 감각이 뿔처럼 둔해지는 시기에 읍을 정벌하는 일에 몰두하고 실패하면서 나아가는(晉) 시대는 제1막을 내렸다(晉其角 維用伐邑 厲吉无咎 貞吝).

그러나 진(晉)괘 시대의 관성은 5.16을 모방한 군사권위주의 정권을 다시 탄생시켰으니 12.12 쿠데타로 등장한 전두환 정권의

---

192) 어설프다는 의미는 정치사상에서 진리와 천명에 대한 추구가 전혀 빠져 있다는 의미에서 붙인 수사이다. 당시에 5.16에 시기에 군대지휘관을 지냈던 사람들도 제시된 유신이 무슨 뜻인지 몰랐다고 나중에 말하는 얘기를 들었다.

등장이다. 이미 진(䷢)괘시대의 동력이 소진한 상태에서 5.16과 같은 방식으로 등장한 정권이어서 시대적으로 정치환경적으로 탄력을 받기 어려운 시기였다고 생각된다. 그러나 공업학교 기계과를 졸업한 전두환은 5.16을 모방한 권력답게, 박정희 정부의 경제개발, 중화학공업, 경공업 육성에 견줄만한 혜안으로 정보통신산업을 미리 발굴하여 국가적 사업으로 반도체산업 육성, 전전자교환기(TDX)개발 등 다가올 정보통신산업의 기반을 육성하여 향후 전개될 정보통신혁명에서 세계에 앞서 나갈 토대를 마련하였다. 1983년을 정보산업의 해로 선포할 정도였다. 이러한 전두환 정부의 노력은 중진국 함정에 빠지지 않고 선진국 경제로 나아갈 수 있는 토대를 마련한 것이어서 박정희 정부에 이어서 국가의 팔자를 바꾼 시기라고 평가할 수 있다고 생각된다.

반면에 이 시기부터 조선인의 의식을 가진 사람들은 지하에서 민족, 자주, 주체, 친중국, 반외세 등 구조선의 사상을 일반대중에게 전파하면서 서서히 친북방 반국가세력의 성격의 양상을 보였다. 특히 이 시기의 대학가는 구체제 조선의 사상인 민족 민주 민족해방론과 종속이론 페미니즘 등에 매몰되어 지하에서 소규모 모임으로 이러한 사상을 학습하는 운동을 펴면서 시위를 주도하였고, 자유인권 개방경제를 추구하는 진보적 권력과 정통성을 흔들 수 있는 일이면 무엇이든지 문제를 삼는 무차별 정쟁의 시기를 열어갔다. 이들은 사회의 기저에서 지도력을 발휘하고, 상당한 다수 대중들이 이들의 사상에 동화되어 갔으므로 이는 화지진(䷢)의 하효 곤(☷)의 초효 3효가 변하게 하는 것이어서 불의 시대, 이괘(☲)시대의 서막이 열리는 조짐이었다고 생각된다.

[박정희 시대의 사상, 유신(維新)]

1972년 박정희 대통령은 국회를 해산하고 정치활동을 금지하며, 기존의 헌법효력을 정지시키고, 제4공화국 헌법을 성립시키는 조치를 단행하였다. 10월 유신이라고도 부른다. 우리 사회에서 유신헌법을 평가할 때 통일주체국민회의를 통한 대통령 간접선거, 대통령의 국회의원 후보 1/3 추천권 등 영도적 대통령의 전제에 가까운 독재체제 만을 부각하여 평가하는 것이 주된 흐름으로 생각되는데, 필자는 10월 유신이라는 유신(維新)의 의미에 주목하고 싶다. 유신헌법이라고 부르는 1972년 헌법에는 유신이란 말은 나오지 않는다. 그럼에도 1972년 헌법으로 이행한 사건을 10월 유신이라고 부르는 것은 주체 측이 이 사건을 그렇게 명명하였기 때문으로 생각된다. 1972년 헌법 이후 1979. 10. 26 즈음까지 전국 각지에는 "유신과업 완수하자"는 등의 구호가 게시되고 사용되었고 사회에는 유신이란 단어가 사상용어처럼 사용되었다. 이에 1972년 헌법은 유신헌법으로 불리게 되었다.

유신(維新)이란 말은 현대사회에서 매우 유명한 용어가 되어 있다. 일본의 명치유신과 대한민국의 10월 유신 때문이다. 이 말의 연원은 시경(詩經) 대아(大雅) 문왕(文王)편에 周雖舊邦 其命維新(주수구방 기명유신)[193]이라는 문구에서 나온 말인데, 사서의 하나인 대학에도 인용되어 있다.

우리 사회에서 일반적으로 유신이란 말은 "세워진지 오래된

---

193) 주나라가 비록 오래된 나라이나 그 명은 묶여져서 새롭다.
　　周 두루 주, 雖 비록 수, 舊 옛 구, 邦 나라 방, 維 벼리 유, 맬 유, 新 새로울 신.

나라가 제도를 쇄신하여 새로운 나라가 됨194)" 또는 "낡은 제도를 고쳐 새롭게 함195)"의 의미로 사용되고 있다. 그러나 정확한 뜻은 아니다.

周雖舊邦 其命維新(주수구방 기명유신)은 글자 그대로 풀이하면 "주나라가 비록 오래된 나라이나 그 명은 새롭게 유지된다"라는 뜻인데, 문제는 "새롭게 유지된다"라는 뜻 유신(維新)이란 말의 의미이다. 유(維)를 이러한 용도로 사용한 경우는 주역 감(坎)괘에서도 찾아볼 수 있다. 감괘의 괘사에서 '정성을 가지니 형통함이 유지된다(有孚 維心亨)라고 할 때 유심(維心)은 유신(維新)에서와 그 쓰임이 같다고 볼 수 있다. 감괘는 주역의 4대 난괘의 하나로 일컬어지는 극심한 어려움에 빠져 있는 상태인데 어떻게 형통할 수 있는가? 중용을 얻고 정성을 다해 지혜를 쓰는 자리에 있으니 형통하게 되는 것이다. 즉 마음을 무의식의 가장 깊은 곳에 자리잡고 있는 진리에 두고 정성을 다하는 것이다. 진리는 우리 마음속에 원래 오롯이 갖추어져 있으니 즉시 알아채고 마음을 진리에 묶어서 한결같이 해나가면 형통하게 된다는 의미로 해석된다. 그러므로 원래의 유신(維新)의 의미는 나라의 생명줄이 일상적으로 진리에 묶여 있으니 언제나 그 생명력이 새롭다는 뜻인데, 명치유신과 같은 역사적 사실들과 결부되면서 유신이 '뜯어고치는' 의미를 가지게 된 것이다. 문물이 오래되면 환경이 변하고 환경이 변하면 옛날에 만든 제도나 기준은 더 이상 이치에 맞지 않게 된다. 그러면 이러한 것들을 고쳐서 상황을 진리에 새롭게 맞춤

---

194) 네이버 지식사전.
195) 국어사전.

으로써 진리가 가진 무궁한 에너지를 끌어내어 인간사의 활력을 회복하는 것이다.

周雖舊邦 其命維新(주수구방 기명유신)의 문장이 나온 배경도 후직이 세운 오래된 나라인 주나라가 문왕의 치세에 이르러서 이치에 따른 교화가 이루어져서 주나라가 천하의 민심을 얻어가며 국력이 나날이 강해진 것을 배경으로 나온 말이다. 문왕은 주역의 괘사를 지은 성인(聖人)으로 알려져 있다.

박정희 대통령은 1972년 헌법으로 이행하는 이유를 유신(維新)이라고 내세웠으면서도, 새로 제정하는 1972년 헌법에 인간의 본성과 진리의 작용을 펼칠 제도를 담는 것에는 거의 착안조차 하지 못하였다고 생각된다. 유신을 하면서도 유신은 없었던 것이다. 우리나라의 척박한 철학적 토양이 그대로 드러난 사건이기도 하다고 생각된다. 그러나 대한민국 헌법 역사상 헌법과 전통적 사상이나 진리를 연계시키려 했던 정신은 역사적 사건으로서의 의미가 있다고 생각된다.

8. 7. 불의 시대(1980년대 후반~현재)

　혁신세력이 장기간 집권하면서 나름대로 형성한 질서와 문화가 고착화되었고, 수입학문의 발전과 인재양성 등으로 인하여 상층부는 제도와 이론에 따라 경쟁하는 이괘(☲)의 속성이 고착되었고, 1980년 서울의 봄 이후로는 족쇄에서 서서히 풀린 하층부 국민대중 또한 마찬가지로 개명된 상태인 이괘(☲)로의 변화가 서서히 진행됨으로 인하여 이성과 이성이 만나서 만들어 내는 문명의 시대인 중화리괘(䷝)의 물상이 펼쳐졌다. 아마 5공화국 말기의 6.29선언 이후의 시기가 본격적으로 이에 해당하지 않나 생각된다. 리(火䷝)괘는 사회제도의 복잡화, 학문과 이론, 이성의 발전, 일의 느림, 서민들의 바쁨, 사회제도의 권위, 밝음의 쇠퇴와 부활(민주주의의 쇠퇴와 부활(?)), 통치자나 지도층의 어려움, 전쟁과 승리 등의 물상을 볼 수 있다. 리(火䷝)괘는 불과 밝음, 전쟁과 무기를 상징하므로 이 시기는 불꽃의 시대로서 밝음이나 무기로 싸우는 투쟁의 시기에 해당한다. 조선 500년의 억압이 만든 구체제 조선의 반외세, 민족, 자주, 주체, 사회전체주의를 지향하는 퇴행적 세력과 새로운 나라를 추구하는 자유·개방세력 간의 대립도 극심한 이론투쟁과 법률투쟁으로 전개되고 있다. 이 시기에는 구제체 조선의 민족자주 반외세 사상을 가진 구조선인의 의식을 가진 세력의 일부는 완숙한 반국가세력으로 진화하여,

건국초기부터 대한민국의 주도권을 쥐고 국가발전을 이끌었던 진보적 한국인들을 대체하고 몰아낼 수도 있는 상당한 세력으로까지 성장하였다고 평가된다. 이러한 상호간의 투쟁이 극명하게 나타난 사건이 2명의 진보 대통령에 대한 탄핵사건이다. 박근혜 진보 대통령은 대한민국에 총부리를 겨누었던 중국공산당의 전승절 군사행사에 참석하는 등 종잡을 수 없는 행보를 보여 대부분의 진보적 자유애국 한국인들의 반감을 사는 등 지지기반을 깎아 먹는 정치를 한 까닭에 국민들의 외면을 받아 탄핵이 인용되었다고 생각이 되나, 윤석열 대통령은 자유와 개방이라는 구한말 이래의 진보철학적 입장에 있음을 확고히 견지함으로써 탄핵의 상황에서도 대다수 자유주의를 지지하는 한국인들의 지지를 받고 있다.

중화리괘(䷝)는 마음을 상징하는 괘이기도 하다. 괘사는 "리(離)는 이정(利貞) 형(亨)하니 축빈우(畜牝牛)하면 길(吉)하리라"이다. 바른 도리를 지켜야 이롭고 암소를 기르듯 하면 길하다 하였다. 암소의 특성을 잘은 모르겠으나, 고집이 세면서도 온순하고 화를 거의 내지 않는 특성이 있다고 한다. 진리를 향한 고집스런 태도가 필요하고 진리에 유순하게 따르는 태도가 필요하다고 말한 것으로 생각된다. 불꽃을 상징하는 중화리괘(䷝)는 마음에서 불꽃 즉, 번뇌가 될 수 있고, 사회적으로는 치열한 논리적 싸움이 될 수 있다. 논리는 방향을 정하지 못한다. 어떤 방향이든 논리는 만들 수 있기 때문이다. 논리나 투쟁의 방향을 정해 주는 것은 마음 깊은 곳의 무의식이나 진리이다. 그러므로 이러한 시대는 길을 잃고 싸우기 쉽기 때문에, 무의식과 인성의 계발로 개인과 사회가 갈 곳을 잃지 않도록 해 주는 리더십이 필요하다고 생각된다.

중화리괘(䷝)는 주역에서 상경이 끝나는 괘이다. 상경이 끝나면 택산함에서 하경이 시작된다. 한국사회가 중화리의 논리투쟁의 상태를 무의식 혁명으로 잘 극복하고 발전을 지속하면, 악이 저지되고 순리에 따라 사회가 운영되는 질적으로 다른 문화를 누리는 새로운 시대를 열 수 있다고 생각한다. 그러나, 만약 현재의 상태를 잘 관리하지 못하면 중화리(䷝) 괘상의 끝처럼 실제 전쟁으로 나아가는 일도 생길 수 있다고 생각된다. 저자는 우리 한국사회가 이 시기에 이어서 잘 발전하려면, 지식의 문화에서 무의식의 문화로 발전하여야 한다고 생각한다. 무의식의 문화란 지식·기술과 함께 인간의 무의식의 영역을 인정하고 탐구하고 쓰는 인성존중·진리존중의 문화이다. 무의식에는 인간의 도덕과 지혜와 진리가 들어 있기 때문에 참된 지식사회가 이룰 수 있는 궁극적인 모습을 펼쳐낼 수 있을 것이다.

9. 8. 일시 혼란의 시기

　2024년 말 계엄 탄핵정국인 현재는, 퇴보를 거듭하고 있는 공교육에 의한 우민화의 기간이 누적되었고 코로나 시대의 강제마스크·강제백신 사태에서 보는 것과 같이 코로나 이후 수년간 대중언론들의 우민화 세뇌로 인하여 하층부 국민들의 상태가 협소한 시각을 가지는 감괘(☵)로 변하였다. 대중을 상대로 하는 언론은 사설이나 논평 등 극히 일부의 제한된 공간을 제외하고는 사실의 전달에 충실하고, 균형있는 입장을 가지는 것이 중요하나, 현재 대한민국의 대부분의 '재래식 언론'은 스스로가 자아를 형성하여 사실의 전달 자체를 가공하고 취사선택하여 대중을 공격하는 사회적 흉기로 활용하고 있다. 유튜브 등 뉴미디어가 더욱 발전하고 있는 현실을 고려할 때, 재래식 언론이 이러한 식의 태도를 계속 유지한다면 아마 조금 더 시간이 지나면 미국의 현실처럼 재래식 대중언론을 믿는 사람들은 대부분 없어질 것으로 생각된다. 그러나 아직은 재래식 대중언론이 상당한 영향력을 유지하고 있어서 이에 영향을 받은 대중들은 일시 감괘(☵)의 속성을 나타내고 있다고 평가된다.
　상층부는 그대로 이괘(☲)의 상태이므로 현재의 분위기는 일시적으로 화수미제(未濟 ䷿)의 상태인 것으로 생각된다. 미제(未濟)는 모두가 제자리를 잃고 혼란하지만 서로 조화를 이루어서 결으로 보기에는 별 탈 없이 돌아가는 것처럼 보이는 상태이다. 비유하자면 여자가 남자 역할을 하고 남자가 여자 역할을 하여 서로 조화를 이루는 상태196)이다.

우리는 이 괘상에서 교활함이 세력을 떨치지만 성공하지 못하는 물상(小狐 汔濟 濡其尾), 어리석음, 음(좌파)197)의 대활약과 오래 지속되지 못함, 과감한 개혁과 실패(未濟 征凶), 이론투쟁, 북방(鬼方)정벌과 3년 후의 영토획득, 문민정치의 빛남, 번영과 혼란의 갈림길 등의 물상 등을 엿볼 수 있다. 2024. 12월 비상계엄 이후의 대중적 정치상황은 국민대중을 각성시켜 우리 사회를 다시 중화리괘 또는 화천대유 상태로 추동하는 힘을 발휘하고 있다고 생각된다. 대중적 각성이 일어나서 화천대유가 되면 구 조선의 퇴행적 생각을 실현하려는 세력들이 국민적 단죄의 광장에 노출되고 사회가 순리적으로 돌아가는 전기가 마련될 수 있다(遏惡揚善하야 順天休命 하나니라), 지켜 볼 일이다.

필자의 관점에서 이 시대의 과제에 대해서 생각해 보면, 현재의 시대는 미제(未濟)의 시대로서 적재가 적소에 배치되기 어려운 시대이다. 적재(適材)를 양성하여 적소에 배치되도록 하여서 안정되고 강하고 행복한 사회를 만들기 위해서는 적재(適材)양성을 위한 자유교육시장 구축, 실생활과 실사회에서 쓰이는 실용적 학문의 자유시장 조성, 적소배치를 위한 인재선발 및 인재유통시

---

196) 이러한 표현을 고정된 성역할을 부추기고 여성을 억압한다고 반발하며, 여성의 교육수준이 올라갈수록 이러한 고정관념이 약화되며, 이러한 고정관념을 타파해야 한다고 주장하는 견해가 있다. 진리의 눈으로 보면 이 세상에 우연한 것은 하나도 없으며, 작은 사소한 일도 다 그 원인이 있는 것인데, 남성과 여성이라는 육체적 본질을 이리 가볍게 여기는 견해가 어디에 따를 만한 부분이 있겠는가?. 이러한 주장을 편벽되게 하는 사람은 진리에 대하여 냄새도 맡지 못하는 정도라 할 수 있으므로 교류할 가치도 없는 수준이라 할 수 있겠다.
197) 미제괘에서 감괘의 주도를 말함.

장의 혁신 등이 근본적으로 필요한 일이라고 생각된다. 전체적으로 바른 도리에 의한 국민 계몽이 근본적으로 필요하다. 특히 적재(適材)의 양성에서 지식과 경험과 능률만을 중요시하는 지식 기계가 되지 않도록, 영성과 인성과 도덕성 등 무의식의 영역까지 효과적으로 계발되는 균형 있는 인재를 길러내는 학문 내용과 사회시스템을 연구하여야 할 것이다. 춘추전국의 혼란시대에 이를 극복하려 했던 공자198) 또한 학문으로 계몽을 통하여 2,000여 년 진리의 빛을 밝혔으며, 만세에 진리를 통한 인간의 가치를 세웠다.

---

198) 공자는 노나라 사람으로서 산동지역 사람이며 스스로 은나라 사람이라고 하였다고 한다. 중국 한족이 아니라고 생각된다.

VI. 맺는 말

　자유시장경제는 역(易)의 원리에 비추어 봤을 때 선(善)을 본질로 한다고 볼 수 있다. 사회에 이익을 주는 창의와 생산, 새로운 연구와 발전에 가장 높은 보상을 주며, 공급자가 제공하는 가치를 소득으로 보상하는 제도이므로 원형이정의 원리가 잘 구현될 수 있는 시스템이다. 기본적으로는 역(易)의 원리를 현실에서 잘 구현하고 있다고 생각된다.

　공자는 "낮에 시장을 열어 천하의 사람들이 모이고, 천하의 재화가 모이도록 하여 각자가 필요한 것을 얻을 수 있게 한 것은 서합(噬嗑)괘에서 그 상을 취하여 모방한 것이다"라고 하였다.[199)]

　시장경제의 아이디어를 서합괘에서 찾는다면, 시장경제는 서합괘의 상괘인 "밝음"과 하괘의 "도덕성"을 본질적 원리로 한다. 시장경제는 서합괘의 상괘인 "이론과 과학성"과 하괘의 "역동성"을 본질적 원리로 한다. 시장경제는 서합괘의 상괘인 "경쟁"과 하괘의 "신속성"을 본질적 원리로 한다.

　서합괘의 괘상은 움직여서 불꽃을 일으키는 것이다. 또 입에 먹을 것이 들어 있는 모양이다. 먹여 살리는 일이니 이보다 더 중한 일도 없다. 그러나 서합괘의 효사에는 형벌을 주고, 딱딱한 고기포를 씹고, 독을 만나고, 마른 고기를 씹는 등의 말이 나온다. 위와 같은 시장경제에는 온갖 다수인이 참여하고 창의와 능

---

199) 계사전 : 日中為市, 致天下之民, 聚天下之貨, 交易而退, 各得其所, 蓋取諸噬嗑.

률이 추구되므로, 예측하기 어려운 씹어서 처리되어야 할 입안의 마른 고기 같은 일이 많아지게 되는 원리를 설명한 것으로 생각된다. 온갖 것들이 입으로 들어오니 혀와 치아가 항상 잘 처리해야 하는 게 당연하다. 그러나 서합괘의 종말은 이런 혀와 치아가 너무 총명하고 철저하고 확고해서, 똑똑한 방법이 어리석은 방법이 되는 것으로 끝난다.

우리 사회가 이쪽으로 가는 건지, 극심한 규제와 복잡한 법률, 자유영역을 인정하지 않는 국민노예제를 연상케 하는 모든 소득과 자산에 대한 버거운 과세, 개인재산을 개인이 소유하는 것에 대한 중과세, 자살공화국이 되어버릴 정도의 극렬한 스트레스 사회, 정치인들이 가장 혐오의 대상이 되어 있는 역량부족의 사회, 우리 한국사회의 지금 모습이라고 생각된다.

앞서 말한 바 있지만 우리 사회의 문제점을 압축적으로 드러내고 있는 것은 자살의 이유에서 찾아볼 수 있기 때문에 다시 2023년 보건복지부 설문조사 결과를 다시 정리해 보면

자살을 생각하는 이유로는
- 경제적 어려움(44.8%)',
- 가정생활의 어려움'(42.2%), '
- 정서적 어려움(19.2%)

등의 순이며,

자살시도 동기로는
- 정신적인 문제(33.2%)가

- 대인관계 문제 (17.0%),
- 말다툼, 싸움 등 야단맞음 (7.9%),
- 경제적 문제(6.6%)

등의 순이다.

세계 10대 경제대국이라면서 국민 다수 상당수가 이렇게 고통받는 이유가 무엇일까?

보는 관점에 따라 다양한 생각들이 있을 것이나, 필자가 보기에 가장 큰 문제는 각 개인의 가치관이 오로지 경쟁을 향하여 형성되도록 하는 엉터리 교육이다. 교육이란 진리와 인간본연의 가치 위에서 구축이 되어야 하는데, 지금의 교육은 진리추구와 상관이 없는 부속품 인간 제조과정이다. 현존하는 사회의 각 곳에서 정밀한 부속품의 역할을 할 수 있도록 사회에 맞게 세뇌하는 과정이지 사실 교육이라고 부를 수 있는지도 의문이 들 정도이다. 마치 일제의 보통교육이 대학까지 확대된 느낌이다. 교육은 좀 더 낫게 완성된 자가 자신이 밟아 왔던 쪽으로 인도를 해주는 과정이고 진리의 바탕 위에서 쌓아져야 하는데, 지금의 교육제도와 내용은 이러한 내용이 잘 수행되고 있지 않다고 생각된다. 선생이 학생의 모범이 되고 있는 것이 아니라 국가가 정해 놓은 정보를 전달하는 직장인처럼 되어버린 듯하며 학생들에게 교육이라는 좋은 서비스를 제공하지 못하는 경우가 너무나 많다. 아니 지금은 국가가 정한 정보의 전달자로서의 역할도 학원에게 크게 의존하고, 선생은 단지 졸업장 발급요건을 감시하는 간수(看守)의 역할을 하고 있다고 해도 그리 틀린 말이 아닐 정도이다. 이 처럼 교육이 국가독점에 입각한 세뇌 프로그램에 가까운 제도로 운영되면서, 교과서와 내용은 수시로 바뀌어서, 교육내용의 근간이 되는 것이 없는 듯 하고, 사회는 영혼이 숨 쉬고 있는 인간의 모습을 잃고, 세뇌교육에 의해 만들어진 부속품형 인간들의 기능겨루기 장소가 되어가고 있는 것 같다. 좋은 부품이 되는 방법, 좋은 부품을 고르는 방법과 그리고 선택된 부품을 최대한 작동시키는 방법만이 중요한 사회로 느껴진다. 어떻게 자살이 늘지 않을 수 있을까?

교육문제 해결을 가로막는 가장 큰 장애는 교육시장의 국가독점이라 생각된다. 남북한이 모두 마찬가지이다. 학교, 선생, 교육내용, 학력제도 전부 국가권력에 의해 재단되고, 공교육에서는 실질적으로 학문의 자유가 금지되고 있다. 한국의 교육시장에는 밝음이나 경쟁의 원리가 크게 적용되지 않는 것으로 보인다. 학자나 선생들도 사회와 거의 경쟁하지 않는다. 가르치는 자리가 국가가 권력으로 독점시켜 주는 울타리 안에서 보호되고 있고, 세뇌 프로그램이나 다름이 없는 교과내용을 전달하고 강요하는 자리로 사용되고 있기 때문으로 생각된다. 사회에서 자생적으로 이루어질 수 있는 학문적 사조나 학문적 운동은 "교육법" "학원법" 등에 의해서 꼼꼼하고 촘촘하게 제지 당하고, 새로운 학문이 사회적 효용을 인정받고 유통될 수 있는 자유로운 교육시장의 발생을 위한 공간은 각종 규제의 칼에 꽂혀 황무지에 버려진 채 별다른 보호나 육성이 없다. 대학 안에서는 독점적 시장 하에서 학문이 생산·유통될 수 있지만, 사회에서는 학문의 자유가 금지된 것이나 크게 다르지 않다. 교육의 범위에 있어서는 자유경제가 거의 작동되지 않는 것이 한국사회의 현실이라고 생각된다. 교육의 독점은 사상통제와 마찬가지이다.

> 종교가 자유이면 교육도 자유이어야 한다.
> 교육이 곧 정신이고 마음이고 종교이기 때문이다.

국가에 교육을 담당하는 부서가 있고 2024년 기준 국방부의 예산을 훨씬 능가하는 매년 약 100조에 가까운 교육예산을 쓰는 사회에서, 왜 세계적인 석학이나 존경받는 학자나 인류를 선도하는 학문이나 좋은 교육을 이렇게 찾아보기 어려운 것인가? 심지어 국어사전조차 엉터리 내용이 즐비하고, 어원을 알 수 없어 방치된 단어들이 즐비하고, 할아버지 일기장도 읽지 못하고, 전래되어 오던 역사책마저도 스스로 읽지 못하는 문화단절의 사회가 되어 버렸다. "역사를 잃은 민족은 미래가 없다"고 부르짖으면서도 정작 일반대중은 전해 내려오는 역사책이나 문헌들이 어떤 것이 있는지도 잘 모르고, 안다고 해도 잘 읽지도 못한다.

한국사회에서 교도소와 학교가 다른 점이 얼마나 있는가? 고등학교까지의 학교와 교도소의 모습을 비교해 볼 때 본질적으로 다른 것은 하나는 죄를 짓고 수감되고, 다른 하나는 죄를 짓지 않고도 수감된다는 것뿐으로 느껴진다. 필자가 성장하던 시기에는 몽둥이를 든 선생들이 폭력과 다름이 없는 행동을 꺼리낌 없이 하던 시기였다. 학문은 없고 몽둥이만 있는 곳이 교도소와 본질적으로 다를 것이 무엇이겠는가?

이 모든 문제의 출발점은 교육의 자유시장을 원천적으로 금지하는 국가권력의 교육시장 독점과 자유교육에 대한 봉쇄 때문으로 생각된다. 이렇게 억압당한 교육시장 때문에 사람들은 좋은 교육을 받을 기회를 근본적으로 상실하고, 선택 가능한 대부분의 교육은 진리탐구와 상관이 없는 세뇌과정이나 기술교육뿐이다. 그러므로 이러한 공교육의 세뇌를 받은 사람들은 사회생활에 돌입하면서 세뇌받은 내용과 다른 현상에 대해서는 무섭게 공격하는 세뇌전사로 활동을 하게 된다. 예를 들어 일본과의 문화교류나 선린우호 정책에 호감만 표시해도 친일파로 낙인찍고 공격을 가하기 일쑤이다. 심지어는 일본과 아무 상관이 없어도 친일파로 낙인찍고 공격한다. 인터넷 커뮤니티에서 집요하게 증오를 쏟아내는 익명의 한국인들을 보라, 그들이 인성을 가진 존재들인지 의심이 들 정도이다.

이처럼 사람으로서의 품성이 정상적으로 계발되지 못하고, 사회의 부품으로서 향상된 기능을 무한히 강요당하면서 의미를 찾지 못하며 지식기계처럼 살아가야 하는 사회에 자살이 높지 않을 수 있겠는가?

이와 같은 교육제도 하에서 양산된 사람들이 만드는 사회에서 이루어지는 정치가 어떻게 되는지는 지금의 정치권이 잘 보여주고 있다. 그들의 말을 보라, 그들의 표정을 보라, 그들의 몸짓을 보라, 그들의 지혜를 보라, 교양 있는 사회로 느껴지는가?

그리고 우리 사회를 치열하게 만드는 또 다른 핵심원인은 경제문제이다. 앞에서 소개한 자살 원인에서도 잘 나타난다. 세계 10대 경제대국이라면서 왜 경제문제가 서민들을 이다지도 괴롭히는가? 이 부분은 가장 현실에서 부딪치는 문제이므로 많은 사람들이 다 알 것이다. 각자 생각이 다를 수 있겠지만, 필자는 경제문제의 핵심으로 한 가지만 언급하고자 한다. 그 한 가지는 가치 없는 화폐이다. 국가가 찍어내는 종이에 불과한 화폐는 실질적으로 아무런 가치가 없기 때문에 국가가 화폐를 얼마를 발행하느냐에 따라서, 국가가 추가로 찍어내는 화폐만큼 가치가 하락한다. 그러므로 국민들은 벌어들이는 소득을 저장해 둘 적절한 방법을 가지지 못하게 되고, 위험한 재테크에 나서야 하며, 경험과 지식이 부족한 상태에서 각종의 자본전쟁에 뛰어들어 손실을 보거나, 현금을 가지고 있다가 인플에이션에 의해 재산이 삭제되거나 할 수밖에 없게 된다. 화폐가 가치가 있으면 인플레이션이 잘 일어나지도 않는다. 국민들이 의지할 수 있는 좋은 가치 저장수단이 없는 것이다. 이러한 문제점들에 대하여 반발하여 고안된 것이 비트코인인데, 좋은 암호화폐가 실질적인 가치를 가진 것은 사실이지만 아직은 안정성을 충분히 획득하지 못한 상태여서 국민들이 믿을 수 있는 화폐는 아직도 마련되었다고 보기 어렵다. 화폐의 자유를 제한하는, 국가에 의한 화폐시장 독점은 향후로는 암호화폐에 의해서 어느 정도는 완화되리라고 생각되기는 한다. 왜 화폐는 한국은행만 발행할 수 있고, 한국은행보다 더 좋은 화폐를 만들 수 있는 기관은 존재하면 안되는 것인지, 다른 은행들이 한국은행권보다 더 좋은 화폐를 만드는 것이 왜 금지되어야 하는지, 왜 국가는 더 좋은 화폐가 출현하는 것을 조장하고 북돋우지 않는지, 필자는 도저히 이해할 수 없다. 화폐도 하나의 물건으로서 시장에서 경쟁해야 한다. 좋은 화폐가 상품처럼 출시되고 소비자들에게 선택되며, 좋은 화폐가 살아남아야 한다. 그러나 한국사회의 현실은 현재의 국가화폐보다 더 가치가 없는 지역화폐를 발행하려는 자들이 도리어 커다란 세력을 얻고 있다.

마지막으로, 우리 사회에서 살펴볼 문제가 있다. 사상문제이다. 사상이란 생각으로 만들어낸 생각의 모양을 말한다. 그러므로 사상은 생각이고, 생각은 한 가지 모양으로만 만들어지지는 않는다. 생각의 모양은 무한하게 다양할 수가 있다. 다만, 그 중에 좋지 않은 생각이 있을 뿐이다. 좋지 않은 생각이란 무의식의 바탕에 존재하는 진여와 연결되지 못하는 생각, 마음 본자리의 훈습과 완전히 분리된 닫힌 생각이다. 진리와 멀기 때문이다.

우리 사회에는 한민족을 압살하였던 구체제 조선의 친중국사상과 반외세, 민족·자주·주체, 사회전체주의를 승계하려는 퇴행적인 사상과 조선왕조의 전제독재와 국민억압을 반성하고 국제교류와 시장경제, 자연주의(천부인권) 사상에 입각하여 시장경제와 자유인권을 사상의 핵으로 하여 과거에 얽매이지 않고 새로운 사회를 건설해 나가려는 열린 사상이 격렬하게 대립하고 있다.

이러한 극심한 대립은 한국인들의 이성마저 마비시켜서 아무리 뇌물을 먹고, 파렴치한 죄를 저질러서 처벌을 받아도 반외세와 주체성·자주성을 기치로 선동을 하면 다 용서가 되고 지지를 하는 반이성적 정치 행태가 상당수 국민들의 일반적 행태가 되어 있다. 한국인의 진짜 수준이 이 정도인 것으로 평가될 수 있는 상당기간 동안 이러한 반지성적 행태가 지속된다면 한민족의 국가는 주변 국가에 흡수되어 소멸할 것이다.

닫힌 자들은 왕실 숭배와 같은 정당 숭배, 특히 공산당과 사회주의 숭배, 기존사회를 망치기 위한 전략으로서 진리와 단절된 악마적 다양성의 존중, 정권장악을 위해 수단과 방법을 가리지 않는 패륜적 도덕으로 사상을 무장하고 시장경제와 자유인권에 대한 끝없는 음해와 공격을 멈추지 않고 있다. 닫힌 사상은 인간의 본성인 무의식과 단절하고 오로지 의식의 영역에서 물질적으로 확인되는 좁은 시각으로 만들어진 좀비와 같은 사상이다. 이들은 인간성의 99.99%를 차지하는 무의식과 진리를 도외시하는 자들이므로 원칙적으로 설득이 어렵다. 오직 좋은 스승과 학문으로 오랜 세월을 교화하여야 구제가능성이 있다. 교육시장의 독점을 깨는 교육자유화가 그래서 더욱 중요하다.

천수경의 사홍서원(四弘誓願)에는 이런 내용이 있다.

중생무변서원도(衆生無邊誓願度) : 중생의 수가 한이 없지만, (지혜로 이끌어) 모두 구제할 것을 원하여 서약합니다.
번뇌무진서원단(煩惱無盡誓願斷) : 번뇌가 끝이 없지만, (지혜를 얻어) 모두 끊어낼 것을 원하여 서약합니다.
법문무량서원학(法門無量誓願學) : 진리의 가르침이 끝이 없지만 이를 모두 배우기를 원하여 서약합니다.

불도무상서원성(佛道無上誓願成) : 깨우치는 진리는 위가 없는 궁극적인 것이므로 이를 이루기를 원하여 서약합니다.

이 사홍서원(四弘誓願)에는 진리의 내용이 끝이 없어 무량하다(法門無量)는 표현이 있다. 진리가 무량하므로 지혜도 무한하고 끝이 없다. 그러므로 지혜에서 나오는 정치적인 사상의 내용이나 도덕률의 모습도 무량하고 다양하고 그 끝이 없다. 자유의 범위가 끝이 없고, 행복의 종류가 끝이 없고, 경제의 모습이 끝이 없다. 그러므로 진리에서 나오는 사상은 그 끝이 없는 열린 사상이어야 한다. 선이란 진리가 상황에 맞게 드러난 것이고, 이러한 형태는 다양하여 끝이 없다. 열린 사상의 다양성은 닫힌 사상의 다양성과는 구별되어야 한다. 닫힌 사상의 다양성은 진리와 단절되어 있으므로 지식과 논리에만 호소하는 다양성을 주장한다. 진리와 단절된 인공적 다양성은 인간의 무의식에서부터 거부감을 일으킨다. 인간의 무의식에서 거부하는 것이므로 의식영역에서 논리적으로는 판단되기 어려울 수 있다. 성전환 옹호, 동성애, 비혼주의, 1인 가정 내지는 가정해체 등등 진리의 본성과 부합하지 않는 다양성은 인간의 무의식에서부터 직관적인 거부감을 일으킨다. 이러한 인공적 생각에서 나오는 다양성은 다양성이 아니라 오히려 진리와 지혜의 등장을 막는 폐쇄의 장벽이요, 인간을 지혜로부터 고립시키는 분리의 장벽이다.

지금까지 이 책에서 말한, 점(占)이 의존하고 있는 가능세계의 구성방법인 역(易)은 인간의 무의식과 우주원리와 도덕원리를 통하여 사람에게 지식의 장벽에 갇힌 생각의 막힌 부분을 뚫어 주고, 방향을 잃은 지식영역에 방향을 일러주고 일깨워 줄 수 있다. 이러한 역할은 인류 최초 문명인 홍산문명 시기부터 지금까지 1만 년 이상을 이어온 것이고 입증된 것이라 생각된다. 인생을 살아가면서 인간이 겪을 수 있는 모든 문제에 대하여 무한히 철학의 샘물, 지혜의 샘물을 공급해 주어, 인간을 인간답게 하는 가장 근원적이고 효과적인 수단이 될 수 있다. 그러나 전제가 있다. 남에게 의탁해서 점을 치는 것은 안된다. 자신이 스스로 역(易)의 상(象)을 관찰하고, 효사를 맛보며, 변화를 살피는 과정을 일상에서 스스로 체험하면서 보이지 않는 진리와 가까워져야 한다. 즉, 형이상의 세계를 살피고 느끼는 수행의 수단으로 사용되어야 하는 것이다. 일상에서 우주원리와 도덕이 살아 있음을 점(占)을 통하여 오감으로 체험함으로써 수양의 도구로서 활용하며 살아 갈 수 있을 때, 역(易)은 그 가치를 다할 수 있고, 태극기가 상징하고 있는 역(易)의 이치가 우리의 일상을 구원하는 효용을 낼 수가 있다. 주역을 점치는 도구로만 알고 상(象)이나 효사를 음미하고, 철학의 원리를 맛보고, 변통의 원리를 음미하지 못하면 점술 행위는 의미가 없다. 그런 정도라면 점을 통하여 만난 결과를 바르게 해석하지도 못할 것이다.

흔히 역(易)은 의리역(義理易)[200] 측면은 가치가 무궁한 것이나, 상수역(象數易)[201]으로 쓰는 것은 믿을 수 없다고 하는 견해들이 꽤

---

200) 주역을 철학적으로 도덕적 수양론으로 해석하는 학문의 경향, 십익을 지은 공자와 왕필, 공영달, 정이천 등의 학자들에 의하여 발전되었다.
201) 주역에 괘효사의 수와 오행을 접목하여 해석하는 학문적 경향으로 주역의 점을 치는 기능을 중요시하는 학문이다.

나 있다. 그러나 상수역으로 사용하지 않는 의리역은 발전하기 어렵고, 의리역을 도외시한 상수역도 사람에게 주는 효용의 측면에서 최선이라 하기는 어렵다. 의리역과 상수역은 하나이며 통합될 수 있는 것임을 알 필요가 있겠다.

역의 뿌리로 생각되는 홍산문명은 하늘을 존중하는 경천사상, 땅을 존중하는 생명사상, 하늘과 땅의 작용을 완성시키는 인간의 중요성을 직시한 천지인 삼재사상, 창조변화의 원리를 해결한 태극 음양팔괘론, 건괘 원형이정론에서 파생된 인의예지론 등등 한민족의 핵심철학을 모두 만들어 낸 문화라고 이해된다.

홍산문명의 이러한 철학과 사상들은 오늘날에도 그대로 우리 한국사회에 이어지고 있다. 국가의 상징 태극기에서도 태극, 음양, 팔괘의 상징이 존재하고 있고, 매일 쓰고 있는 한글에서도 음양과 천지인 삼재의 원리, 오행의 원리가 반영되어 있다. 서울 4대문의 위치나 이름 등 우리 한국사회가 가지고 있는 많은 유물이나 유적에서도 이러한 사상과 이론들을 발견할 수 있다. 그러나, 애석하게도 한국사회는 사람들이 이러한 철학들에게서 무관심해 지기 시작하면서 고유의 문화를 잃어가고 있다. 약 1만 년간 내려오던 이러한 철학들은 사람들의 관심에서 멀어져 있고, 사회의 운영원리에서도 소외되고 있다. 이러한 황폐한 토양에서 앞서 말한 사회주의, 페미니즘 같은 닫힌 사상들이 발호를 하고 있는 것이다.

그러나 홍산문명에서 유래한 이러한 원리들은 관념으로 만들어 낸 것이 아니라 실제로 존재하기 때문에 우주에서 발견한 원리들이어서 사람이 외면한다고 하여도 없어지는 것은 아니다. 다시 시간이 지나면서 누군가에 의해서는 그 원리와 유용성이 다시 조명되고 발전될 것이다.

저자가 지금까지 살펴본 것은, 홍산문명으로부터 현대 대한민국에 이르기까지 한민족이 발전시켜온 문화는 인간의 의식을 사용하는 지식문명과 함께 마음의 심연에서 우주의 본질인 진리와 연결되어서 인간존재에 절대적인 선한 영향을 미치는 무의식의 사용법을 정치하게 발달시켜온 것이 큰 특징이라는 것이다. 무의식의 사용법은 명상법, 수행법, 음양팔괘, 도덕률, 유불선 교리 등 다양한 이론과 유물 등의 형태로 나타났고, 이러한 문화유산이 우리문화의 본질적 부분임과 동시에, 인간이란 존재를 의식만을 사용하는 지식기계가 아닌 의식과 무의식을 함께 사용하는 완전한 존재로 진화시킬 수 있는 원동력이라는 점을 나타내 보이려고 하였다. 지식을 중심으로 만들어지는 오늘날의 우리 사회는 이제는 불의 시대에서 인간의 무의식까지 적극적으로 사용하는 보다 참된 인간적인 사회로 발전되어야 할 시대가 되었다. 이러한 시대를 열려면 무엇보다도 다수 대중과 여론주도층이 진실을 마주하며 깨어나야 한다. 우리 깨어난 국민대중이 이러한 시대를 열어가기를 기대해 본다.